부자는
자영업에서
나온다

부자는
자영업에서
나온다

초판 1쇄 발행 2023년 1월 23일
초판 2쇄 발행 2023년 2월 23일

지은이 하경환

펴낸이 손은주 편집 이선화 김지수 마케팅 권순민
경영자문 권미숙 디자인 Erin 교정·교열 신희정

주소 서울시 마포구 희우정로 82 1F
문의전화 02-394-1027(편집) 주문전화 070-8835-1021(마케팅)
팩스 02-394-1023
이메일 bookaltus@hanmail.net

발행처 (주) 도서출판 알투스
출판신고 2011년 10월 19일 제25100-2011-300호

ⓒ 하경환 2023
ISBN 979-11-86116-38-8 03320

불황기 대박 창업 비법

부자는
자영업에서
나온다

하경환 지음

알투스

기업공채는 몇 년을 준비해서 지원서를 내는데
가족의 운명이 걸린 외식 창업은
왜 치밀한 공부 없이 덜컥 시작하십니까?

잘 준비하고 잘 운영하면
작은 가게에서 큰 부자 나옵니다.

　카페, 파스타점, 한식당, 뷔페, 햄버거집 등 거의 모든 외식분야의 식재료 구매와 브랜드 지원 업무에 종사하면서 수많은 가게의 사장님들을 만나 왔다. 비슷한 규모, 비슷한 입지에서 비슷한 메뉴의 대박가게 사장님과 죽음 직전까지 몰린 사장님을 같은 날 뵙기도 했다. 도대체 이유가 무엇일까? 오래 고민하며 정답은 '공부'라는 결론을 내렸다. '운'이나 '경기' 타령을 하기도 하지만, 운조차도 어느 정도는 스스로 공부해 만들어 낼 수도 있고, 경기는 언제나 안 좋았다.

　우리나라 사람들은 둘 중 하나가 자영업 사장님이라고 해도 과언이 아니다. 당장은 회사원, 전문직, 주부, 기타 프리랜서 업종에 있는 사람들조차도 장기적으로 보면 잠재적인 자영업자라고 할 수 있다.

"예쁜 카페나 해 볼까?"

"길 건너 빵집에 줄을 서던데 우리도 빵집이나 차릴까?"

"당신 솜씨 좋은데 작은 식당이나 해 볼까?"

수많은 잠재적 외식 자영업 사장님들이 이런 생각을 하지만 제대로 '공부하는 사장님'은 드물다.

단언컨대 창업 전에 부동산 중개업 시험 준비만큼만 공부해도 최소 망하거나 빚더미에 올라앉지는 않는다. 보통 몇 군데 프랜차이즈 상담을 받아 보고, 몇 군데 부동산 중개소를 들러 본 다음 가게 자리를 찾는다. 좀 더 부지런한 사장님들은 식당에서 알바 두어 달 해 보고 창업을 하며 자산의 많은 부분을 '때려 넣고' 잘 되기만 바란다. 이런 '아마추어' 사장님들은 일이 년도 못 버티고 가게 문을 닫으며, 임대료를 밀리다가 '경기 침체', '불황' 타령을 하며 값비싼 식당도구들을 고철 값에 넘기고 좌절에 빠진다.

그걸 아는가? 우리나라에서 망하는 사람도 자영업자지만, 큰 부자도 자영업에서 나온다는 것을.

하루하루가 지옥이 된 가게 사장님들도 많지만, **몇 년에 한 채씩 건물을 올릴 정도로 '떼돈'을 버는 자영업 사장님들도 은근히 많다. 칠팔천 원 하는 우동을 팔아서 목 좋은 곳곳에 작은 건물 몇 채를 가진 자산가가 된 한 우동집 사장님의 장사밑천이 십몇 년 전에 천만 원이었다고 한다.** 고양시에서 유명한 ○○○떡볶이 사장님은 떡볶이 팔아서 강남에 빌딩을 샀다는 소문이 파다했다. 1인분에 삼사천 원 하는 떡볶이 팔아서 그게 가능하냐고? 말이 되냐고? 가능하더라. 반면에 창업자금으로 3억 원가량을 넣고 일식집 분위기의 우동가게를 차려 몇 년의 청춘과 전 재산을 거의 날린 젊은 우동집 사장님도 있다.

그 차이는 '공부'에 있었다. 성공한 우동집 사장님의 경우는 전국의 잘되는 우동가게에서 몇 년 동안 직원으로 일하며 쉬는 날이면 수년을 좋은 식당자리를 찾아다녔다. 그러다가 자신이 근무하던 식당의 사장님께 창업에 대한 조언을 구했다고 한다. 그를 신임하고 있던 가게 사장님이 '내가 나이가 들어 건강이 좋지 않으니 내 가게를 인수하라'고 기회를 주셔서 크게 번창시킨 사례라고 했다. 몇 년 동안 인수 자금을 분할로 갚아 가면서 매년 십 억 가까이 매출을 올리는 사업장으로 만들었다고 한다. 프랜차이즈를 하라는 제안도 수없이 받았지만, 우동 면발을 사장님 스스로 뽑아내는 노하우만은 결코 무너뜨리지 않겠다는 소신 때문에 요즘도 어마어마한 대기번호를 드리고 손님들 줄을 세운다.

나는 식당을, 카페를, 베이커리를 차리겠다는 젊은 창업자분들을 만나면 일단 무조건 반대부터 한다. "장사하지 마시라. 결코 쉬운 일이 아니다. 망하기 십상이다"라고. 그러나 '이 사람은 한번 해 봐도 되겠다' 싶은 분도 있다. 이미 충분히 '공부'가 되어 있는 경우다.

그렇다면 외식 자영업을 시작하기 전에 어떻게 무엇을 공부해야 하는가?
그런 바이블 같은 '자영업 사용설명서'를 만드는 데 몇 년이 걸렸다. 이 책이 모든 것을 담고 있지는 않지만, 이 책을 디딤돌 삼아 공부를 시작해 보시라. 최소한 망하지 않는, 아니 더 **열심히 하면 큰 부자도 될 수 있는 길의 초석을 놓는 데 이 책의 의미가 있다.**

대한민국에서
망하는 사람은   VS   대한민국에서
다 자영업자다.   부자되는 사람도
                                  거의 자영업자다.

내 가게의
노예가 될 것인가?

내 삶의
주인이 될 것인가?

세계적 식품 전문가인 Anklesaria는 이런 말을 했다.
"팔굽혀펴기나 윗몸일으키기를 생각해 보라.
팔굽혀펴기를 매일 50회씩 한다고 해도 운동이 점점 쉬워지지는 않는다.
잘 늘지 않고 매번 할 때마다 힘이 든다.
하지만 우리는 알고 있다.
운동을 꾸준히 하면 반드시 몸이 좋아진다는 것을 말이다."

* ¡ +
⇒ SUCCESS ⇐
+ ¡ *

외식 자영업을 하면서 매뉴얼을 만들고
매일매일 그 매뉴얼을 원칙으로 고수하며
서비스와 맛, 직원 관리와 마음가짐을 일정하게 유지하며
일을 해 나가는 것은 대단히 중요하고, 대단히 어렵다.
그러나 그 원칙을 매일매일 팔굽혀펴기를 하듯 해 나가면
결코 쉬워지지는 않지만, 분명한 것은 점점 고객만족이 높아지고
매출이 오르고 **내 가게**가
성공사업장 으로 향해 갈 것이다.

결국 외식업의 본질은
고객이 이긴 기분으로 집에 돌아가게 만들어 주는 것이다.
고객이 음식점에 와서 '내가 돈을 낸 것보다
더 큰 이득을 봤다'는 느낌이 들게 만들어 주면
고객은 식당에 다시 오게 되고
그 식당은 자연스럽게 성공하게 된다.

1장.
대한민국에서
자영업자라는 이름

1강. 왜 자영업자는 망하는가?

식당 사장님들은 저성장 시대를 살며 여러 가지 어려움을 겪고 있다. 인건비, 임차료, 식재료 구매 비용. 오르지 않은 것이 없다. 한국 경제는 저출산과 인구 고령화로 인해 저성장기를 지나 초 저성장기로 이동하고 있어 장기 불황의 그림자가 짙어지고 있다. 거기에 금리도 가파르게 상승하면서 경기 전망을 더욱 어둡게 하고 있다. 이런 상황에서 외식 식당 사장님들이 과연 사업을 계속 할 수 있을까? 어떻게 이 어려운 시기를 뚫고 나갈 수 있을까?

자기 식당 노예가 된 식당 사장

많은 식당 사장님의 수입과 생활 여건이 아르바이트 직원만도 못한 경우가 많아졌다. 본인이 사장이지만 직원보다 가져가는 돈의 액수가 적다. 수입이 줄어든 것도 문제지만 일주일에 하루를 쉬기도 어려운 사장님도 많아졌다. 주 52시간 노동 시간과 주휴 수당이 사장에게는 의미 없는 단어이기 때문이다. 코로나19로 인한 매출 하락으로 타격을 입은 영세 식당 사장님들의 현실은 너무도 비참하다. 그나마 온 종일 근무로 버티며 조금이라도 가져갈 것이 있는 식당 점주는 괜찮은 경우다. 이미 많은 점주가 식당 문을 닫았고, 지금도 닫고 있다. 그런 와중에도 우리나라 자영업 인구는 점점 늘어나고, 준비 없이 창업한 가게들의 폐업률도 늘어나고 있다.

최근 몇 년간 급격히 상승한 최저임금제도2023년 최저임금은 시급 9,620원는 식당 점주들에게 큰 부담을 안겨 주었다. 최저임금 급등으로 많은 식당 점주들의 인건비 지급 능력이 한계선에 이른 것이다.

이렇게 지속적으로 인건비 압력이 커져 가는 상황에서 식당 사장의 역할은 더욱 중요해졌다. 일본 식당 사장의 80%는 주방에서 일하고, 한국 식당 사장님의 80%는 계산대에서 돈을 받는다는 말이 있다. 이러한 모습에도 조금씩 변화가 있을 것이라고 본다. 식당에서 가장 인건비가 비싼 일은 주방 일이다. 사장 자신이 주방 업무를 할 줄 안다면 비용 절감뿐 아니라 가게의 생산성을 더욱 높일 수 있다. 사장은 식당 운영 전체를 관리하는 지휘관이기 때문에 주방 근무만 고집해서도 안 되겠지만, 주방 일을 모르고서는 식당 운영에 성공할 수 없다. 앞으로는 주방에 들어가서 팬을 잡는 사장님들이 갈수록 늘 것이라고 생각한다.

술도 안 마시고 회식도 안 하는 사회

일본 외식시장은 한국 외식시장의 선행 지표 역할을 해 왔다. 1997년 이후 일본 외식 시장 규모는 계속 줄어든다고 한다. 저출산 고령화로 인한 인구 감소가 큰 원인으로 작용했다는 분석이다. 최근의 일본 외식 트렌드를 몇 가지 특징으로 분석한 내용을 보자. *외식업 생존의 법칙, 김태경 저 첫째, 슈퍼 푸드와 같은 건강식품에 대한 관심이 높아지고 있다. 둘째, 젊은이들이 알코올을 기피하는 문화가 확산되어 술집 위주의 식당이 쇠퇴하고 있다. 셋째, 특정 품목 메뉴를 특화한 전문 음식점이 증가하고 있다. 넷째, 식당 노동력 부족이 계속되고 있다. 책에서는 일본 외식시장의 문제로 외식 시장의 축소, 노동력 부족, 장기불황으로 인해 소비 심리가 위축되고 있다는 것을 지적한다.

우리나라 역시 저 출산 고령화 문제가 앞으로 외식 시장의 큰 문제로 떠오를 것이다. 외식 시장이 한 순간에 축소될 수 있다. 우리나라는 HMRHome Meal Replacement, 배달음식, 밀키트 매출 등을 외식 시장에 포함한다. 이런 분류는 통계상의 착시를 일으킬 우려가 있다. 식당 방문을 통한 외식과 집에서 배달시키는 외식을 구분할 수 없기 때문이다. 한국 역시 코로나19가 장기화되면서 소비 심리가 급격히 위축되고 있다. 코로나가 끝나는가 싶더니 급등하는 물가 상승이 또 다른 위협으로 떠오르고 있다. 우선 이 위기에서 살아남아야 할 것이다. 당장 발등에 떨어진 불을 꺼야 한다. 비용을 절감하고 효율성을 높이는 식당으로 운영 체제를 전환해야 한다. 비상사태일수록 내실을 기하는 데 집중해야 한다.

직원 인건비를 감당하기 어려워 직접 생존을 위해 오마오전부터 마감까지 근무를 뛰는 식당 사장님들이 많아졌다. 대형 식당에서도 사장이 주방 일을 주방장에게만 맡기고 돈만 셀 수 있는 시대는 지났다. 코로나가 아니더라도 저출산 고령화의 어두운 그림자가 점점 우리 사회에 드리우고 있다. 외식업에 있어서 사장의 적극적 역할이 더욱 중요해졌고 사장이 직접 나서서 식당의 내실을 채워야만 한다. 이럴 때일수록 창업자의 건강관리도 챙겨야 할 부분이다. 외식 사장님들 가운데 일에 너무 집중한 나머지 건강을 해치고 일찍 세상을 떠난 안타까운 사연이 꽤나 많기 때문이다.

실패할 확률이 거의 90%인 식당 창업

식당은 실패할 확률이 매우 높은 업종이며 실패하지 않으려면 출구 전략이 필요하다. 그런데 "할 것 없으면 식당이나 하지", "당신 음식 솜씨가 좋으니 식당이나 한번 해 보면 어떨까?" 이런 무거운 말을 가볍게 하는 사람들이 아직도 많다. 외식사업은 전문 지식과 경영 능력이 없으면 망하지 않기가 더 어렵다. 과거에는 음식점이 현금 비중이 높고

수익률도 타 업종에 비해 높다고 인식되었다. 특별한 지식이 없어도 성공 가능한 것처럼 인식되었다. 하지만 이는 정말로 잘못된 사실이다. 외식업은 절대 아무나 쉽게 돈을 벌 수 있는 사업이 아니다.

우선 2020년 기준 음식점 10개가 창업할 때 8개가 폐업했다. 코로나가 더욱 심해졌던 2021년은 더 말할 것도 없다. 식품의약품처의 자료에 의하면, 우리나라 일반 음식점은 67만 3천 개 수준이다. 이중 최근 3년간 신규 오픈한 음식점 수는 16만 9,987개이고, 3년간 폐업한 음식점 수는 15만 1,299개에 달한다. 식당 창업 후 5년까지 생존할 확률도 20% 수준이다. 나머지 80%는 5년 안에 문을 닫는다. 문을 연지 6개월 안에 그만두는 곳도 12.1%다. 1년 만에 폐업하는 곳도 25.6%다. 식당 4곳 중 1곳은 1년 안에 폐업하는 것이다.

인구 77명당 1개의 식당
인구 5천2백만인 나라에서 음식점만 67만 3천 개인 나라
음식점 10개 창업하면 8개 폐업 2020년 기준
식당 창업 후 5년 생존 확률 20%
창업 6개월 만에 폐업 12%
창업 1년 만에 폐업 25%

인구수당 음식점 수를 비교해도 경쟁은 치열하다. 우리나라 인구

5,167만 명행정안전부 2021년 6월 30일 기준 인구통계을 67만 개의 전체 음식점 수로 나누면 77명이다. 일본의 경우 170명 수준으로 우리나라의 2배 이상이다. 미국은 음식점당 인구 수가 우리나라의 6배라고 한다. 도시별 통계를 보면 세종시가 음식점당 인구수가 101명으로 밀집도가 제일 높다. 2위는 인천광역시 96명, 경기도는 94명으로 3위다. 서울특별시는 80명 순이다. 참고로 음식점당 인구수가 제일 적은 곳은 제주특별자치도 48명이며, 2위 강원도는 51명 수준이다. 제주도와 강원도는 외부 관광객을 대상으로 한 식당 전략이 중요함을 알 수 있다.

외식 시장에 새로운 강자들도 속속 출현했다. 대기업 외식 프랜차이즈들은 말할 것도 없다. 실력을 갖춘 전국 조리학과 출신 졸업생들이 매년 쏟아져 나온다. 해외 유명 요리 학교 유학파 출신 청년 셰프들의 창업도 늘었다. 이들은 성수동 골목길이나 송리단길, 문래동, 연남동 골목 구석구석에 특색 있는 자기 식당을 열었다. 대형 마트 내 식당들도 큰 경쟁자다. 1993년 도봉구 창동 이마트 1호점이 오픈한 이래로 전국 약 500여 개 대형 마트가 생겼다. 푸드코트 없는 대형마트를 본 적 있는가? 축구장 70배 규모의 '복합 쇼핑몰'도 많아졌다. 최근 쇼핑몰이나 마트 내부에 문을 여는 식당들은 지역 유명 맛집과 유명 프랜차이즈 식당들로 채워져 고객들을 유혹하고 있다. 두말할 것도 없이 경쟁은 날로, 새로운 방식으로 더 치열해지고 있는 것이다.

전국 500여 개 대형 마트 내 식당,

축구장 70배 규모의 복합 쇼핑몰 내 푸드코트,

쿠팡, 마켓컬리, 홈쇼핑, 유명셰프와 연예인들의 식품브랜드

유명 브랜드 밀키트,

HMR^{가정편의식}

편의점 도시락

유명 연예인들이 브랜드화한 식품을 홈쇼핑에서 판매

...

온라인 경쟁자들은 어떠한가? 먹는 제품만큼은 직접 보고 만져 본 뒤 사야 한다는 고객들도 생각이 많이 바뀌었다. 쿠팡과 마켓컬리마저도 외식업의 경쟁자가 된 것이다. 편의점에서 파는 도시락도 수준이 많이 올라왔다. 한 끼 식사를 충분히 해결할 수 있는 대용품이 된 것이다. 24시간 방송하는 17개가량의 홈쇼핑에서는 유명 셰프들과 연예인들이 밤낮으로 간장게장을 바르고 있거나 갈비를 굽고 있다. 가격 경쟁력도 꽤 있다. 이런데도 식당 창업이 쉽고 만만해 보일까?

포스트 코로나 시대의 변화

코로나 이후 음식을 함께 나누는 우리 식탁 문화도 사라질 가능성이 높아졌다. 전골과 찌개 같은 국물 음식을 함께 떠먹는 한국식 식사

문화는 이미 퇴출되었다. 반면 한국산 식재료에 대한 관심도는 높아졌다. 값싼 중국산 김치를 내놓던 식당들이 추가로 돈을 더 받더라도 국산 김치를 쓴다. 맥도날드와 같은 글로벌 외식 브랜드도 '창녕 갈릭버거', '보성 녹돈버거' 등 국내 식재료를 활용한 메뉴를 내놓았다.

기업들의 회식 문화는 급격히 위축되었다. 집단으로 삼겹살을 굽고 술을 마시며 팀워크를 다지는 축제 형태의 고기 문화가 사라진 것이다. 폭음 문화가 사라지고, 집에서 술을 혼자 즐기는 문화가 확산되었다. 와인 시장이 급성장했다. 코로나19 이후에 밥집은 살아날 수 있어도 술집은 과거의 지위를 누리기는 어려울 것이라는 분석이 많다. 주로 단체 회식 고객을 대상으로 영업했던 대형 음식점 사장님들은 중대 결단을 해야 한다. 대규모 점포를 분할해 중소형 점포나 작은 가게 형태로 전환하는 방법을 신중하게 고민해야 한다.

배달 전문점도 이미 꺼져 가는 유행이다

초기 창업비용이 낮은 배달 전문점이 대세라고? 제발 쉽게 생각하지 말라. 배달 음식 시장이 꾸준히 성장 중인 건 맞다. 2017년 15조 원이었던 시장 규모가 2019년에는 20조 원으로 커졌다._{미래에셋대우 보고서 참조} 2021년 국내 온라인 음식 배달 시장 거래액은 25조 원 수준으로 추산된다._{통계청 발표자료 참조} 이런 시장의 성장 흐름 때문인지 홀 손님은 받지 않고 배달만 전문으로 하는 음식점 창업 수도 몇 년간 크게 증가했다.

배달 음식 전문점 창업은 장점도 물론 있지만 이제는 위험 요소가 더욱 커진 사업으로 보인다. 주변 분위기에 휩쓸려 배달 전문점을 창업하기보다는 신중한 접근이 필요하다.

지인인 건대입구역 인근 스시 전문점 K사장님의 사례를 보겠다. 청년 시절, 일본에서 요리 학교를 졸업하고 미국으로 건너가 식당에서 근무한 경험이 있을 정도로 실력 있는 분이다. 그는 코로나19가 터질 무렵 건대입구역 인근에 배달 전문 스시 도시락 가게를 창업했다. 임대료가 상대적으로 저렴한 주택가 골목에 있는 배달 전문 스시 음식점이다. 스시는 물론이고 도시락 세트에 나오는 디저트도 맛있었다. 초기 코로나 상황에는 장사가 잘돼서 서울대입구역 근처에 지점을 하나 더 냈다. 하지만 일 년이 지나지 않아서 서울대입구역점을 폐점했고, 건대입구역 쪽 본점도 버티다가 2021년에 결국 폐점을 했다.

실패의 원인 중 하나는 기존의 초밥 집들이 대부분 배달을 시작했기 때문이었다. 과거에는 홀 손님만 받고 배달은 하지 않는 음식점이 많았고, 특히 고급 음식점일수록 배달을 하지 않았다. 홀 손님 받기도 바쁜데 굳이 배달까지 할 필요가 없었다. 고객들도 짜장면, 피자, 치킨 등 일부 특정 메뉴에 한해서만 배달 음식을 시켜 먹었다. 하지만 스테이크나 샐러드, 디저트, 심지어 구운 삼겹살까지 배달시켜 먹을 수 있는 세상이 올지 누가 알았겠는가. 기존 홀 손님만 받아도 줄을 세웠던 재야 고수 식당들까지도 너나 할 것 없이 모두 배달 서비스를 하니, 배달을 전문으로 하는 식당의 차별화 포인트가 약해질 수밖에 없었다.

보통 배달 전문 음식점의 초기 투자 금액은 5천만 원 수준이다. 인테리어 비용과 집기 구매 비용이 약 1천 5백만 원. 점포 입지는 중급 혹은 하급지를 선택한다. 점포 규모는 1층 10평 이하 혹은 지하 20~30평 규모로 많이 오픈한다. 월 임대료는 한 달 50~60만 원 수준이며 많아도 100만 원대 수준이다. 매출이 높은 매장은 월 매출 3천만 원 이상 정도이며, 매장의 손익분기점BEP, Break-even point은 보통 월 천만 원 이상은 되어야 사장이 집에 가져갈 돈이 생긴다. 주인이 혼자 운영하는 곳이 많고 바쁜 곳은 아르바이트 1명과 같이 일한다. 식자재 원가 비율은 보통 매출의 30~35%로 잡고 프랜차이즈로 운영할 경우 40%에 육박할 수 있다.

배달 음식 전문점은 초기 창업 투자비용이 낮은 편이라 진입하기는 쉽다. 하지만 초기 창업자들이 배달 음식점 수익 구조 측면에서 간과하는 것은 바로 높은 광고비와 배달 수수료 비중이다. 임대료와 인건비는 고정비의 성격을 지니고 있어서, 음식점이 일부 매출 구간을 넘어서면 수익이 극대화될 수 있는 장점이 있다. 하지만 변동비 성격의 배달 및 카드수수료는 배달 건별로 동일하게 청구된다. 매출이 늘어도 수익 구조는 비슷하게 유지될 수 있다는 것이다. 광고비 지출도 앱상에서 가게 노출을 위해 일정 부분 불가피하며 총 금액과 전체 매출 대비 비중도 처음에는 꽤 큰 편이다.

조리만 하는 인간 기계가 된 것 같다는
배달 전문 식당 사장님의 또 다른 괴로움

배달 음식점 사장님이 겪는 더 큰 어려움은 외로움이다. 말할 사람이 아무도 없는 좁은 공간에서 하루 종일 일을 한다고 생각해 보자. 홀에 손님을 받는 식당에서 근무를 하면 들어오고 나가는 손님들과 눈도 마주치고, 주문도 받고 직원들끼리 소통도 가능하다. 하지만 배달 음식점인 경우에는 혼자 좁은 공간에서 장시간 조리만 해야 하는 환경이기 때문에 우울한 느낌에 빠지기 쉽다. 조리만 하는 인간 기계가 되는 느낌이다. 주문 벨만 울리길 기다리고 있다. 배달 음식점을 폐업한 한 사장님 경우, 혼자만의 시간을 극복하지 못해서 결국 사업을 접었다고 한다. 매출은 안 나오는데 혼자 장시간 있다 보니 재료 손질하면서 칼을 쓰다가 이상한 생각이 들거나, 창문을 통해 밖을 보는데 극단적인 생각이 자꾸 들었다고 고백하는 경우도 보았다.

극단적 사례이기는 하지만 인간은 사회적 동물이기 때문에 이런 작업 환경도 창업 전에 무시할 것은 못 된다. 이런 어려움을 극복하기 위해서 사장님이 빈 시간을 긍정적으로 활용할 수 있는 일을 찾아 나가야 한다. 배달 전문점에서도 사장님이 전화 주문을 직접 받는 일도 거의 사라졌다. 고객들은 이제 배달 앱으로 음식을 주문한다. 음식을 주문하는 방식 자체가 바뀐 것이다. 과거 식당 사장님은 광고 전단지를 제작해서 동네 구석구석 돌아다녔다. 요즘 식당 사장님들은 광고지 들고 붙이면서 돌아다니지 않는다. 배민이 하는 광고지만, 광고하는 데 절약된 시간을 이용해 사장님은 고객의 한 끼를 위한 음식을 연구할 시간이 좀 더 많아졌다고 긍정적으로 해석할 수는 있다.

2강. 자영업자는 어떻게 변해야 하는가

　당신은 식당 체질인가? 식당 체질은 따로 있다. 체질도 아닌데 덜컥 식당 운영에 뛰어들면 본인도 힘들고 주변 사람도 힘들다. 성과도 안 난다. 식당 운영하는 사장님들 가운데 생계형이 많다. 체질도 아닌 일에 무작정 뛰어들었다가 무너지면 온 가족이 힘들어지고 고통 속에서 하루하루 보내게 된다. 창업 전에 우선 내가 식당 체질인지 스스로 냉정히 살펴보자. 식당 창업자에게 필요한 자질이 많겠지만 최소한 3가지 자질은 핵심적으로 필요하다고 생각한다. '체력과 근성', '고객 중심적 사고', '청결과 위생에 대한 민감성'이다. 본인에게 이 3가지 강점이 없다고 생각한다면 식당을 시작하면 안 된다.

식당 체질 MBTI로 바꿔라

체력과 인내력은 식당 창업자가 갖춰야 할 가장 중요한 요소다. 외식업은 육체적, 정신적 에너지가 엄청나게 소모되는 업종이다. 스스로 내가 식당일을 감당할 수 있는 체력을 갖췄는지 살펴보자. 식당 사장에게는 밤낮이 따로 없고, 평일과 주말 구분이 없다. 자영업이 힘든 것은 남들 노는 휴일에 일해야 한다는 것이다. 남들 밥 먹는 시간에 일해야 한다. 홀 근무와 주방 근무 구분도 없다. 자영업의 정의를 내리면 '스스로 경영하지 않으면 안 되는 일'이다. 스스로 모든 일을 해 나가야 한다. 장사 초기부터 나는 투자만 하고 남에게 맡겨서 돈 벌 생각은 아예 하지 말아야 한다. 그것은 자영업이 아니다. 대학생 아르바이트 직원이 시험 기간이라는 이유로 펑크를 내거나 주방 인원이 갑자기 부족하면 사장이 들어가서 일해야 한다. 기본적으로 외식업은 부지런하고 성실한 사람, 근면하고 체력이 좋은 사람이 성공할 수 있는 사업이다.

자영업 사장님의 자기 관리 4개 덕목

잘 먹기 　 잘 자기 　 잘 쉬기 　 잘 웃기

체력은 타고 나는 것이기도 하지만 꾸준한 관리가 필요하다. 몸을 지나치게 혹사하면 본인 체력이 아무리 태어날 때부터 좋아도 망가지기 쉽다. 외식업 사장의 자기 몸 관리는 그만큼 중요하다. 변화무쌍한 매장을 운영하면서 쉽지 않은 일이라는 것을 알지만 의식적으로라도 잘 먹고, 잘 자고, 잘 웃고, 잘 쉬도록 노력해야 한다. 본인 체력이 망가지면 아무리 좋은 표정을 지으려고 해도 웃음이 나올 수 없다. 자기 건강만큼은 절대 자만해서는 안 되는 부분이다. 손님에게 좋은 서비스를 제공하고 싶다면 내 몸 상태가 우선 좋아야 한다. 내 상태가 좋아야 손님을 만나서 웃고 음식을 제공해 줄 수 있다. 손님도 그런 나의 에너지를 받아서 행복할 수 있다.

장사를 잘하는 식당 사장님은 체력 관리에 철저하고 스스로를 식당 체질로 바꿔 간다. 장사를 길게 하려면 맨손 체조라도 정기적으로 해야 아침에 몸을 움직일 때 몸이 아프지 않다. 밥도 잘 챙겨 먹어야 한다. 매장이 바쁘다 보면 점심 끼니를 거르기 쉽다. 저녁 늦게까지 근무하다 보면 피곤해서 야식으로 폭식하는 경우도 많다. 하지만 주변을 보면 외식업에서 길게 가시는 분들은 대부분 자기 관리가 철저하며 몸매도 좋다. 눈빛도 살아 있다. 그래서 성공하는 식당 사장님 체질이 따로 있다고 하는 것이다. 외식업에서 성공하고 클래스101에서 강연하시는 사장님 한 분이 '규칙적인 팔굽혀펴기'를 본인 사업 성공의 핵심 요인으로 이야기한 적 있다. 처음에는 다소 황당했지만 지속적인 체력 관리가 그만큼 외식업에 중요하기 때문에 허투루 생각할 것이 아니다.

1코노미 시대, 작은 식당이 대세다

앞으로 신규 외식 시장에서 대형 식당들보다는 작은 규모의 강소 식당들이 더 많아질 것으로 예상된다. 신규 창업자들 역시 최소 자본을 이용해 작은 규모의 실속 있는 식당 창업으로 방향을 잡을 것이다. 처음엔 기대 수익을 낮춰야 한다. 테이블과 의자 수도 미리 많이 놓을 필요가 없다. 식당에 대한 기대 수익률도 낮춰야 한다. 우선 처음에는 본인 인건비만 가져갈 수 있는 수준으로 생각하고 시작해야 한다. 상식적으로도 손님이 줄을 서게 만드는 식당이 되려면 좌석 수가 많으면 그만큼 불리하다. 음식 제조 측면에서도 좌석 수가 적은 것이 유리하다. 음식 제조 기술이 늘고 식당이 잘되면 조금씩 의자 수를 늘려 가면 된다. 초심자라면 시작은 무조건 작게 하는 방향이 맞다.

1인 고객 맞춤형 영업 전략도 많아졌다. 현재 우리나라 1인 세대수는 무려 520만 세대에 육박한다고 한다. '1코노미'는 1인과 경제를 뜻하는 '이코노미Economy'의 합성어다.2017 트렌드코리아 참고 '나 홀로 고객'이 강력한 구매력을 가진 집단으로 성장한다는 설명이다. 많은 식당에서 '2인분 이상 주문 가능' 메뉴판을 '1인분 주문 가능'으로 바꾸고 있다. 혼자 온 고객들도 눈치 안 보고 마음 편히 시킬 수 있도록 메뉴를 구성하는 것이다. 식당 상황에 맞게 1인 고객들을 위한 칸막이 좌석도 필요하다면 설치해야 한다.

다시 강조하지만 식당은 결코 만만한 사업이 아니다. 대외 환경은 갈수록 어려워지고 있다. 준비되지 않은 사람은 이 시장에 더 이상 뛰어들어서는 안 된다. 기존 외식 사장님들도 본인 식당과 스스로의 경쟁력을 점검해 봐야 할 시점이다.

배달 판매 식당 사장님은 IT생태계를 알아야 한다

배달 전문점 사장님이라면 음식 연구뿐 아니라 배달의 민족 어플리케이션을 철저하게 분석해야 한다. 앱상의 지역별 랭킹 서비스를 잘 살펴보자. 메뉴군별 인기 음식점과 개별 음식점 판매량 등 중요 정보가 노출되어 있다. 고객 리뷰도 세심하게 관리해야 한다. 신규 오프라인 매장은 오픈하면 호기심으로 들어오는 고객들 덕분에 오픈 효과가 있다. 하지만 배달 음식 전문점의 경우 오픈 초기 별점 테러라도 당한다면 회복이 어려울 수 있다. 고객 리뷰는 더 이상 양적 '숫자'로만 판단되지 않는다. 고객들은 리뷰 총 '숫자'보다 그 안에 담긴 진심을 원한다. 사장님의 정성스러운 댓글이 주의를 끈다. 이런 댓글들은 또 다른 주문을 만들어 낸다.

자기 메뉴 카테고리에서 동네 1등을 노려라. 매년 발간되는 『배민리포트 2021』에 따르면 배달의 민족 주문의 48.6%는 가게 1km 이내에서 발생한다고 한다. 재택근무를 하는 고객들이 많아져서 그런지 동네

숨은 맛집을 검색하는 사람들이 많아졌다고 한다. 고객들도 주문 식당을 선택할 때 음식품질 때문에라도 배달 시간과 거리를 고려하지 않을 수 없다. 배민 앱은 주문 위치 근처의 가게들을 우선 노출하기 때문에 인근 동네 맛집 정보를 찾는 데 유용하다. 포장·방문 탭에 있는 지도가 많이 활용된다. 이런 고객들의 탐색 방식을 이해하는 식당 사장님들은 본인 식당에 갖춰진 아기용 의자나 주차 시설 등 편의 시설 정보를 정기적으로 배민 앱에 등록하기도 한다.

승자독식 구조인 배달 앱

댓글 리뷰 등의 모바일 화면 자료

포장도 깔끔하고 매장에서 직접 먹었을때나 배달오 먹으나 정말 맛있네요~^^

사장님
호아님, 보쌈 맛있게 드셨나요?
별 다섯 개에 예쁜 사진까지 올려주시다니
너무 너무 감사드립니다.

늘 먹던 그맛 그대로 매운 육수오뎅 넘 맛있고 떡볶이도 쫀득하니 안맵고 맛있었어요.
꿀팁) 체다치즈바는 안 자르고 올 때가 국물에 치즈가 녹지않고 그대로 있어서 더 좋네요^^
자르면 치즈맛이 잘 안느껴지더라구요
서비스로 온 고구마 튀김도 넘 잘 먹었습니다

배달의 민족 앱의 운영 방식은 철저히 승자독식 구조다. 매출 높은 매장을 상위에 노출시켜 준다. 하지만 대부분 배달 전문 음식점은 A급 상권이 아닌 뒷골목 하급지에 위치한 경우가 많다. 물론 대외적으로는 고객들의 반응과 선호도를 고려해 주문자 위치를 중심으로 1.5km 이내 1구간, 3km 이내 2구간, 3km를 벗어나는 곳을 3구간으로 나눠서 노출하고 있다고는 한다. 하지만 현실적으로 영업이 잘되는 상급지 매장을 더 많이 노출하는 경향이 있다. 따라서 신생 배달 음식 전문점은 깃발 꽂기 등을 통해서 앱 노출을 위한 광고비 지출을 계속 더 늘려야 하는 악순환에 빠지기 쉽다.

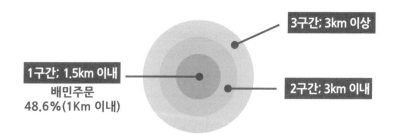

폭발적 성장을 지속해 온 배달 음식 시장은 포스트 코로나 이후 성장세는 둔화되겠지만 시장 규모는 어느 정도 유지할 것으로 예상된다. 코로나가 끝난다고 다시 과거로 돌아갈 수는 없다. 배달 어플리케이션을 이용해 음식을 주문하는 방식도 크게 바뀔 것 같지는 않다. 이런 환경 속에서 많은 외식 창업자들이 배달 음식점 사업에 뛰어 들었고,

뛰어들 계획이다. 하지만 짧은 시간 내에 배달 전문 음식점 수가 너무 많아져 경쟁이 몹시 심해졌다. 게다가 전국의 모든 음식점이 배달 시장에서 같이 경쟁하는 상황에서 메뉴로 차별화 포인트를 찾기도 쉽지 않은 일이다. 이미 창업을 해서 운영 중인 사장님이라면 대표 배달 앱인 배달의 민족 앱의 로직과 구조에 대해서 좀 더 깊게 살펴볼 필요가 있다.

온라인 공간에서도 내 식당을 알려야 한다. 식당을 창업할 때 오프라인 매장과 온라인 매장 두 곳을 동시에 운영한다고 생각하자. 이유는 간단하다. 과거처럼 고객이 길을 지나가다가 우연히, 아니면 운전 중에 아무 식당이나 불쑥 들어가는 경우가 이제는 거의 없다. 대부분 고객이 식당에 갈 때 인터넷을 통해 미리 검색하고 식당을 선택한다. 잘되는 식당은 더 잘되고 안되는 곳은 더 안되는 이유다. 현재 음식점을 운영하고 있는 사장님이라면, 고객들이 온라인에서 내 식당을 어떻게 검색하고, 어떤 경로를 타고 정보를 얻어서 주로 방문하는지 살펴볼 필요가 있다.

요즘 젊은 고객들은 맛집을 알아가는 데 일반적으로 5단계를 거친다고 한다. 1단계 식당 검색, 2단계 리뷰 확인, 3단계 인근 활동거리 검색, 4단계 주변에 널리 알림, 5단계 충성고객되기구독&좋아요 과정이다. 1단계, 처음 가는 지역의 식당을 찾을 때 우선 네이버로 먼저 검색해 본다. 따라서 네이버 식당 등록은 필수에 가깝다. 가족 생일이나 특별한 행사가 있어서 식당 예약을 할 경우 네이버 말고도 페이스북, 인스타그

램 등 다른 채널을 통해서 교차 검증을 한다. 식당을 검색해서 메뉴와 가격대, 정확한 위치를 확인한다.

2단계, 리뷰를 본다. 너무 오래된 리뷰는 거르고 최신 리뷰 위주로 살펴본다. 최근 한 포털에서는 식당의 별점 제도를 없앴다. 고객이 경험한 감정에 가까운 키워드를 고르는 '키워드 리뷰' 방식으로 새롭게 선보이고 있다. 식당 사장님 입장에서 리뷰 관리가 중요해졌다. 고객 입장에서는 긍정 리뷰와 부정 리뷰를 균형 있게 살펴본다. 광고글로 의심되는 글은 신뢰가 떨어져 제외한다. 배달 앱에서 음식을 고를 때도 고객 리뷰는 큰 역할을 한다. 이 음식점 사장님은 리뷰가 쌓였을 때 어떻게 관리하는지, 부정 리뷰에 어떻게 응대하는지도 살펴볼 수 있다.

3단계는 식당을 검색할 때 식당 주변의 다른 즐길 거리들도 찾아보는 단계다. 사장님 입장에서 우리 식당 주변에 즐길 수 있는 콘텐츠가 무엇이 있는지 살펴보자. 지역 콘텐츠와 우리 식당을 어떻게 연결할 수 있을지 고민해 볼 필요가 있다. 최근에는 식당이 위치한 상권 자체가 해시태그 되는 경우가 많다. 지도 앱을 통해서 동네를 저장하기도 한다. 배달 앱의 사용 증가로 동네 맛집에 대한 관심도 늘어났다. 우리 지역을 타깃으로 한 LSMLocal Store Marketing은 더욱 중요해졌다. 요즘에는 중고 거래로 인기가 많아진 당근마켓을 이용한 동네 식당 마케팅도 꽤나 늘어났다. 가격 대비 효과가 꽤 높다.

4단계, 요즘 고객들은 누가 시키지 않아도 자신이 경험한 음식에 만족하면 SNS에 이를 알린다. 광고비를 써서 식당을 알리는 것보다 훨씬 효과적이다. SNS에 내 식당과 메뉴에 관한 소식이 널리 퍼지기 위해서는 음식의 시각적 효과가 중요하다. 인스타그램에 잘 나올 수 있는 각도와 메뉴 비주얼이 필요하다. 사진이 깔끔하게 나오기 위해서 조명 배치에도 신경을 써야 한다. 공간 여백이나 예쁜 소품, 하다못해 화장실이라도 잘 나오게 해야 한다. 식당 내 음식과 공간에서 사진 찍을 거리들을 다양하게 준비하는 것이 좋다. 고객 입장에서 내 식당을 온라인에 포스팅할 때 어떤 포인트가 가장 엣지 있어 보일지 대략 예상할 수 있어야 한다.

마지막 단계는 충성 고객 만들기다. 열성 고객들은 마음에 들면 그 식당 블로그나 유튜브에 가입하기도 한다. 실제 사장님과 직접 소통하길 원하는 경우도 있다. 오프라인 식당은 영업시간이 끝나면 서비스가 종료되지만 온라인 식당은 시간과 상관없이 사장님과 손님 사이를 지속해 연결한다. 사람은 누구나 나를 알아주고 인정하는 사람에게 끌리기 마련이다. 상대방을 좋아하게 되면 상대에게 맞춰 주려고 노력하게 된다. 사람과 사물까지 인터넷으로 연결되는 시대에 살다 보니 고객 소리는 더욱 잘 들리고 소통은 더 빨라졌다.

오프라인 식당 운영하기도 바쁜데 온라인에서 고객의 마음을 살피며 소통까지 해야 하니 참 식당하기 어려워졌다. SNS를 잘 활용하는 식당 사장님들을 보면 장황하게 매장이나 메뉴 정보를 설명하기보다

가볍게 고객과 소통하는 데 주안점을 둔다.

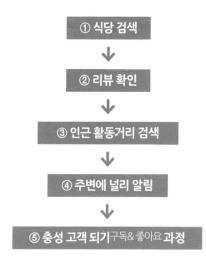

'좋아요'를 팔아야 하는 식당 - 고객들의 식당 선택 5단계

잘되는 식당은 더 잘되고 안되는 곳은 더 안되는 구조

① 식당 검색

↓

② 리뷰 확인

↓

③ 인근 활동거리 검색

↓

④ 주변에 널리 알림

↓

⑤ 충성 고객 되기 구독&좋아요 과정

단골손님은 전국에 있다

온라인 식품 시장의 경우를 보자. 최근에는 온라인 식품 시장 규모가 워낙 커지다 보니, 본인 식당 메뉴를 온라인으로 판매하는 사업에 대해 관심 있는 사장님이 크게 늘어났다. 이미 외식 프랜차이즈 매장의 경우 밀키트 형태로 매장에서 테이크아웃용 메뉴를 파는 곳은 흔해졌다. 개인 음식점 사장님들이 잘 모를 때는 '온라인은 사람을 안 써도 되니까 비용이 좀 적게 들고 운영도 쉽겠지'라고 생각할 수 있지만 그런 것은 아니다. 온라인 식품 판매는 식당 영업과는 다른 별도 사업 영역이라고 봐야 한다. 온라인은 온라인이고 오프라인은 오프라인이다. 온라인에는 지나가다 들어오는 고객이 없다. 온라인에 노출되는 순간 전국 1위랑 바로 붙는다고 봐야 한다. 동네에서는 동네 경쟁자만 상대하면 되는데 이건 전국구 승부고, 상대는 전국 1위다. 온라인을 결코 만만히 봐서는 안 된다.

온라인사업은 사장이 별도로 담당자를 두든지 직접 관리를 해 줘야 한다. 외부에 맡겨서 잘 되는 경우는 극히 드물다. 그리고 많이 간과하는 것이 온라인 식품 판매는 인건비가 적게 들어갈 것 같지만, 반대로 배송과 포장비용이 꽤 많이 들어간다. 예를 들어 아이스박스가 몇백 개씩 매일 나가고 사흘마다 아이스박스가 들어온다고 가정해 보자. 이 정도만 해도 장사가 엄청 잘되는 곳이다. 그런 경우 사업장 어딘가에 아이스박스 여분을 갖고 있어야 한다는 뜻이다. 온라인 사업을 한다고 해서 공간이 필요 없는 것이 아니다. 부자재를 보관하기 위한 공간이 엄청 차지한다. 박스는 접어놓고 쌓아 놓기라도 하지 아이스박스는 접히지도 않는다. 공간도 많이 차지하고, 손도 많이 가고, 포장도 시간 맞춰서 보내야 한다. 그나마 냉동은 돈이 될까 말까 하지만 신선 식품은 온라인 판매가 돈이 안 되는 경우가 대부분이다.

온라인 판매는 임대료가 안 드는 대신 배송비가 많이 나간다. 쿠팡 등에 입점하면 무료 배송을 안 걸어 놓을 경우 판매 경쟁력이 급격히 떨어진다. 온라인 식품 판매는 물류비와 포장에 필요한 부자재 비용이 지출의 대부분을 잡아먹는다. 임대료는 고정비적인 성격이 있다. 매출이 일정 수준을 넘어서면 '매출 대비 임대료 비중'은 낮아지고 수익 비중은 급상승한다. 하지만 배송 비용은 아시다시피 건별로 발생하기 때문에 매출이 커지는 만큼 고정 금액 비율로 동일하게 증가한다.

오프라인 매장은 고객이 직접 매장에 찾아 들어와서 음식을 먹고 나간다. 반면 온라인은 내가 고객의 집 앞까지 음식을 보내 줘야 하는 구조다. 비용 구조가 좋지 않은 것은 당연하다. 온라인은 경쟁력 있는 제품을 한번 포스팅해 놓으면 스스로 잘 팔리겠지 생각하지만 그렇지가 않다. 실제로 그 안에는 여러 가지 업무가 존재한다. 사진 촬영, 상품 등록, 제품의 상세 디자인 등 오프라인에서는 한 번 세팅하면 크게 중요하지 않은 일들이 온라인에서는 매일 진행해 줘야 하는 업무다. 광고비 지출도 크다. 상식적으로 온라인 식품 회사에 가면 사람이 적어야 할 것 같은데 그렇지가 않다. 생각보다 많은 사람들이 일하고 있다. 지속적으로 관리를 해 줘야 한다. 온라인 식품 판매를 단순하게만 볼 것이 아니다. 쿠팡 등에 입점해도 마찬가지다. 별도 인원이 상시 관리를 해 줘야 한다.

이렇듯 이제 온라인은 대세다. 이제 식당은 오프라인 매장도 잘 운영하면서 온라인 관리도 잘해야 한다. 물고기를 잡으려면 물고기처럼 생각하라는 말이 있다. 내가 어떻게 우리 식당을 홍보하는지도 중요하다. 하지만 고객 입장에서 어떻게 우리 식당을 온라인에서 검색해서 찾아오시는지 살펴볼 필요가 있다. 식당 사장님은 이제 음식만 잘 만드는 건 기본이고 식당 리뷰도 잘 관리해야 한다. 때로는 고객과 소통해야 한다. 식당하기 참 어려워졌다. 식당 하다가 온라인 식품 판매가 쉬워 보여 우습게 생각하고 뛰어들지 말자. 온라인 판매는 식당 운영과 별개로 운영되는 아예 다른 사업이라고 생각하자.

자영업 사장님의 필수 마인드셋

식당 사장님이 갖춰야 할 가장 중요한 자질은 고객 중심으로 생각하는 마인드다. 얼마를 벌 것인가부터 계산하는 게 아니라 고객이 무슨 생각을 하고 있는지 계산해야 한다. 음식으로 장사를 한다면 내가 얼마나 맛있게 만들었는지보다 고객이 얼마나 맛있게 느꼈는지가 더 중요하다. 똑같은 이야기 같지만 분명히 결이 다르다. 내가 맛있게 만들었다고 하는 것과 고객이 느끼는 감정은 분명 다를 수 있다. 아니 확실히 다르다. 그 차이가 있다는 걸 인정하고 지나치게 고객의 선호도에 대해 예단하지 말아야 한다. 내가 저 사람이 아니기 때문에 사실 고객의 마음을 백퍼센트 아는 것은 불가능하다. 그리고 고객마다 취향이나 식습관도 제 각각이다. 겸손한 마음으로 평균값을 맞춰 나가야 한다. 그래서 내 식당을 방문하는 주요 고객을 잘 관찰하고, 때로는 고객에게 직접 가서 물어보기도 하고, 고객이 불편해하는 것들을 지속적으로 해결해 줘야 한다. 말하기는 정말 쉽지만, 실천하기는 어렵다. 고객 입장에서 고객이 원하는 것을 제공해 주는 것이야 말로 모든 사업 성공의 본질에 가깝다. 나에게 급여를 주는 것도 모두 고객의 만족에 달려 있다.

자영업 사장님에게
월급 주는 사장님은 고객이다

외식업을 하는 사장님의 체질로 바꿔야 함은 계속 강조할 만큼 중요하다. 우선 강인한 체력과 끝까지 버틸 수 있는 끈기다. 식당업에서 제일 중요한 점이라고 생각한다. 그 다음은 고객 입장에서 생각하고 가치를 제공해 줄 수 있는 마음가짐이다. 마지막은 위생과 청결에 대한 높은 기준이다. 다음 3가지는 물론 교육을 통해서도 어느 정도 학습이 가능하겠지만 기본적으로 타고난 기질도 크게 작용한다고 본다. 최소 3가지는 나랑 맞는지 체크하고 식당을 차리더라도 차리자.

1) 고객이 남는 장사여야

결국 외식업의 본질은 고객이 이긴 기분으로 집에 돌아가게 만들어주는 것이다. 고객이 음식점에 와서 내가 돈을 낸 것보다 더 큰 이득을 봤다는 느낌이 들게 만들어 주면 고객은 식당에 다시 오게 되고 그 식당은 자연스럽게 성공하게 되는 것이다. 평소에 우리가 고객 입장일 때는 방문하는 식당을 쉽게 평가하지만 실제 식당을 운영하는 입장이 되어 보면 고객 입장에서 생각하고 서비스한다는 것이 결코 쉬운 일은 아니다. 외식업체 '놀부'의 창업자이자 다수의 외식 브랜드를 성공시킨 오진권 전 회장이 낸 책 제목이 무엇인지 아는가? 바로 '고객이 이기게 하라'다. 고객이 '저 식당에 가는 것이 나한테 유리하다' 라는 생각이 들게 하면 일단 성공의 길에 접어 든 것이다. 고객이 이겼다는 느낌이 들게 만들어 주는 것이야 말로 어쩌면 장사의 시작이자 끝일지도 모르겠다.

2) 초기에는 원가율을 잊어라

식당 장사 초기에는 내 마진을 다소 박하게 가져갈 필요가 있다. 처음 장사하는 날부터 원가율에 집착한다면 식당 사장님으로 적합하지 않다. 식당도 물론 사업이기 때문에 무조건 수익을 내야 하는 것은 맞다. 하지만 식당 장사는 기본적으로 남들보다 좀 넉넉하게 주어야 성공할 가능성이 높다. 또 본질적으로 내가 만든 음식을 먹고 행복해하는 손님들을 보고 사장이 만족감이나 보람을 느낄 수 있어야 외식 사업을 오래 지속할 수가 있다. 식당으로 돈을 버는 것도 중요하지만 식사를 하는 손님 반응을 즐길 수 있는 '마음 밭'이 있어야 한다. 음식을 판다는 것이 사실 묘해서 돈과 음식을 맞교환하는 성격의 비즈니스만은 아니다. 식당은 음식 말고도 뭔가 다른 것도 서로 오고 간다. 딱히 정의하기는 어렵지만 정이나 배려, 정성 같은 것이다. 이 점이 다른 비즈니스와 외식업의 차이다.

3) 위생을 목숨처럼 생각하라

외식업 창업자는 위생과 청결에 민감해야 한다. 우선 구청의 식품위생과 청결의 기준을 심각하게 어기면 벌금도 내고 식당 문도 닫아야 한다. 식재료 관리 소홀로 식중독 사고라도 발생한다면 오염된 식품을 먹은 고객들의 건강에 나쁜 영향을 미치고 질병을 겪기도 한다. 최근에는 이로 인한 소송이나 형벌 등에 대한 손실로 외식 기업이 문을 닫는 경우도 있다. 사람 입에 들어가는 음식을 파는 식당에서 위생과 청결 관리는 가장 기초에 해당한다. 요즘에는 식품 안전에 대한 고객들의 의식 수준도 높아져 식당에 처음 들어와 앉았는데 뭔가 주방 풍경이나 테이블 혹은 식당 바닥, 수저통 등의 청결에 대해 꺼림직한 느낌이 들면 바로 나가는 고객도 많다.

식당을 운영하는 사람은 위생과 청결에 대해서는 강박 관념을 갖고 있을 정도로 세심한 것이 좋다. 내 아내는 외식 기업에서 점장을 했던 경험도 있고, 전국 식당을 다니며 레스토랑 품질 관리를 담당하는 QAQuality Assurance로 근무한 이력이 있다. 그녀는 외부 식사 중이라도 음식이 떨어지거나 국물을 조금이라도 흘리면 즉각 냅킨으로 테이블을 계속 닦는 버릇이 있다. 그걸 안 하면 못 견디는 성격이다. 결혼 후 그녀가 산 청소기는 오피스용 통돌이 청소기였다. 가정집 거실에 그 청소기를 돌리면 바닥 장판이 들릴 정도로 흡입력이 강하다. 약간 심한 경우이긴 하지만 기본적으로 외식업을 하는 사람들은 위생과 청결에 대해서 민감해야 한다.

3강. 외식업은 이것만은 해야 안 망한다

　업의 본질을 다각도로 볼 필요가 있다. 식당을 운영한다고 해서 음식사업만을 한다고 생각해서는 안 된다. 1980년대 후반 삼성 이건희 회장이 신라호텔 한 임원에게 물었다고 한다. "호텔 사업의 본질이 무엇이라고 생각합니까?" 그 임원은 '서비스업'이라 답했고, 이 회장은 수긍하지 않았다고 한다. 이후 그 임원은 해외 유명 호텔을 벤치마킹하면서 호텔 사업의 본질에 대해 연구하기 시작했다. 그는 돌아와 호텔 사업은 '장치 산업과 부동산업'에 가깝다고 보고했다. 이 회장은 그때서야 장치산업이자 부동산업으로서 호텔 발전 방향에 대해 구체적인 전략을 논의하라고 지시를 내렸다고 한다. 이 회장은 '업業의 개념'을 통해 해당 사업의 특성과 핵심 성공요인을 정확히 파악해 그에 맞도록 세우는 사업 전략을 강조한 것으로 보인다.

그렇다면 외식업의 본질은 무엇에 가까울까? 외식업은 제조업과 서비스업이 결합된 사람 사업에 가깝다고 본다. 주방 공간은 제조업의 영역이고, 홀 공간은 서비스업의 영역이다. 이 모든 것을 실행하는 것은 사람이다. 제조업에서 중요한 것은 동일한 제품을 일정 품질 이상으로 규칙적으로 만들어 낼 수 있는 능력이다. 서비스업에서 필요한 것은 고객을 잘 응대할 수 있는 능력이다. 신속하고, 친절하며, 이해심 있게 고객의 마음을 잘 읽어 낼 수 있는 기술이 필요하다. 주방 내에서는 주문 받은 음식을 기준에 맞춰 잘 만들고, 홀에서는 멋진 서비스를 통해서 고객이 만족한 식사를 할 수 있도록 하는 것이 바로 식당의 이상적 모습이다.

정교한 규칙성이 있어야 한다

제조업의 기본 특성은 규칙성에 있다. 오래된 식당일수록 규칙성 있게 운영하고 있음을 볼 수 있고 성공한 패턴을 규칙적으로 실행하는 사장님은 성공 확률이 높다. 사소한 것처럼 보이는 성공 패턴이 반복되면 성과가 눈덩이처럼 커지는 효과가 있다. 식당을 운영한다는 것은 지루해 보이지만 같은 일을 반복하면서 좋은 결과물을 만들어 내는 일이다. 꾸준함을 당해 낼 수 있는 것은 이 세상에 없다. 몇 년에서 길게는 수십 년 동안 이어진 규칙성이라는 무기는 생각보다 강력하다. 일반적으로 식당에서는 접객 인사 → 자리 안내 → 주문 → 조리 → 제공 → 만족도 확인 → 퇴점 인사. 접객을 하는 데 7단계를 거친다. 식당은 톱니바퀴가 이어진 시계 부속처럼 정교하게 돌아가야 효율이 극대화된다.

식당 영업 고객응대 7단계

접객 인사 → 자리 안내 → 주문 → 조리 ┐

퇴점 인사 ← 만족도 확인 ← 제공 ←─┘

공간 설계 효율성을 가져라

효율적인 공간 설계는 제조업의 시작이다. 주방은 직원이 일하기 가장 편리한 방향으로 설계해야 한다. 맥도날드 창업과 성장 스토리를 다룬 영화 '파운더'에서 초기 주방 구조를 설계하는 장면은 상당히 극적이다. 운동장에 선을 그어 놓고 직원들이 각 영역에서 음식을 만드는 역할을 하면서 생산 효율을 극대화할 수 있는 주방 구조를 설계한다. 실제로 음식을 만들고 서빙하기 위해 이동하는 직원의 동선을 그려가며 공간을 설계하는 것이 효과적이다. 주방이 깨끗해야 하는 건 기본이며, 직원들끼리 서로 부딪히지 않게 설계해야 한다. 업종에 따라 차이는 있지만 주방은 식당 전체 면적의 3분의 1정도가 적당하다.

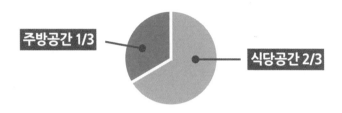

주방공간 1/3

식당공간 2/3

원재료 관리에 충실하라

제조업에서 원재료 관리는 중요한 관리 포인트다. 식당에서 식자재를 들여온 순서대로 쓰는 '선입 선출'은 기본이다. 문제는 식재료는 생물이라 사실 매번 똑같은 상태로 들어오질 않는다는 것이다. 가능하면 표준 사이즈로 같은 크기를 고르려고 하지만 쉽지는 않다. 계절이나 기후에 따라 식재료 상태는 천차만별이다. 하지만 손님은 항상 일정한 맛을 기대한다. 따라서 적정 레시피와 일정한 양, 조리 기술을 통해 평균 이상의 맛을 구현해 내야 한다. 식재료 보관 공간을 너무 크게 가져가지 말자. 재고는 돈이고, 못 쓰면 다 버린다. 유통기한 내에 쓸 수 있어도 오래된 식재료를 많이 쓰면 음식 맛은 당연히 떨어진다.

큰 냉장고는 망하는 지름길

냉장고에 보관하는 식재료는 하루에 필요한 양의 1.5배를 넘지 않게 다소 타이트하게 가져갈 필요가 있다. 식당 운영 경험이 적을수록 초기에 재고를 과도하게 가져가는 경향이 있다. 매출이 터질 것을 기대하는 마음도 있지만, 몸이 편하기 위한 부분도 있다. 재고가 많으면 마음은 편안하지만, 식재료를 낭비하는 경향이 있다. 곰탕의 전설 〈하동관〉은 매일 500그릇만 준비하는 것으로 알려져 있다. 탕을 더 끓이지도 남기지도 않고, 끓인 만큼만 팔면 문을 닫는다. 전주 완산구에 유명한 콩나물국밥집인 〈삼백집〉 역시 하루 300그릇만 팔면 마감한다고 한다. 이런 유명 맛집들이 메뉴의 판매 수를 제한하는 것은 마케팅의 하나로 볼 수 있지만, 식재료의 품질 관리 목적도 있다.

인사 훈련을 하라

서비스업의 시작은 인사다. 손님이 식당에 들어올 때, 나갈 때 간단한 인사를 안 놓치면 서비스 만족 점수에서 기본은 먹고 들어간다. 손님이 나갈 때 인사를 안 듣고, 신경 안 쓰는 것 같지만 찰떡같이 메아리까지 다 듣는다. 인사는 훈련이 필요하다. 다소간의 연기도 필요하다. 과도한 친절은 필요 없다. 손님도 부담스럽고 본인 감정 소모만 커진다. 사실 손님에게 반갑게 인사해도 반응이 없는 경우가 대부분이다. 마음을 굳게 먹고 친절하게 인사해도 받아 주는 이가 시큰둥하면 마음이 어려워진다. 본인 스스로 자연스럽게 인사가 나오면 모를까 억지로 짜내는 과한 친절은 역효과를 낸다. 모르는 사람에게 친절하게 인사하는 건 사실 훈련 없이는 불가능하다.

이랜드 외식사업부에서는 조그만 개인 손거울을 나눠 주고 매일 아

침 조회 시간에 인사 웃음 연습을 시켰다. 개구리 뒷다리~
하면서 입 꼬리를 올리는 연습. 두 손을 공손히 모으고
허리와 등, 머리를 순서대로 굽히며 '♪♪♪ 솔 ~' 톤으로
인사하는 것도 훈련시켰다. 신기한 것은 훈련을 하면 할수록 아무리
어두운 표정의 소유자라 하더라도 입 꼬리가 올라가고, 웃는 모습이
조금씩 자연스러워진다. 군에서 오래 근무했던 인상 강한 직원도 인사
웃음 연습으로 변화가 가능했다. 냉정하게 평가할 때 자기 표정이 지나
치게 어두우면 식당 운영은 재고해 봐야 한다. 식당 분위기는 사장의
성품과 표정을 닮는다. 식당 분위기가 묘하게 어두운 식당에 손님은
들어가지 않는다.

'인사는 만사다.' 외식업에서 인사의 중요성은 더 말할 나위가 없다.
입점 인사와 퇴점 인사만 제대로 해도 절반은 먹고 들어간다. 올바른
인사는 손님을 만족시키는 가장 확실하고 손쉬운 방법이다. 인사 연습
을 계속하다 보면 심지어 본인의 입 꼬리가 올라가면서 좋은 인상으로
변한다.

평정심 유지, 핸드폰 배터리 충전하듯

서비스업은 '감정노동'을 수반한다. 외식업 종사자들은 내 마음과 감
정을 적절히 관리할 수 있는 평정심이 중요하다. 고객의 반응이나 태
도, 같이 일하는 직원들과의 관계에 따라 감정이 흔들릴 수 있다. 하지

만 너무 자주 흔들리게 되거나, 관계의 스트레스가 높아지면 감정노동의 강도는 더욱 높아진다. 직원 퇴사나 이직률도 높아진다. 근무자 스스로도 자기감정이 밑바닥까지 가지 않도록 관리해야 한다. 핸드폰 배터리를 충전하듯이 내 감정이 소진되기 전에 에너지를 채워야 한다. 서비스업은 사람을 상대하는 어려운 일이다. 동일한 서비스 멘트를 해도 고객들은 다르게 받아 들일 때가 있다. 고객들도 예민해져서 직원의 표정이나 음색, 태도의 미묘한 차이도 분별해서 판단하기도 한다.

진상고객 응대 매뉴얼

보통 외식업계에서는 지나치게 까다로운 요구사항을 어필하는 고객을 진상고객이라고 부르는데 한 외식업 매장에서는 이런 고객을 '상진이 어머님'이라고 부른다. 진상 고객이라고 하면 손님들이 들을 수 있어, 직원끼리 부르는 은어다. "7번 테이블에 상진이 어머님 오셨습니다." 헤드폰으로 직원이 이야기하면 점장이 가서 어려운 고객 클레임을 해결하곤 한다. 식당은 직원들 마음에 상처를 받지 않게 서로 격려하고 위로하며 팀워크로 일해야 한다. 그래서 외식사업을 사람 산업이라고 한다. 한국의 노포를 취재한 박찬일 셰프의 『노포의 장사법』에 보면 오래된 식당의 공통점은 장기 근무 직원이 많다는 것이다. 사람 중심 경영으로 직원들이 장기간 근무할 수 있는 환경을 만들어 주는 것은 식당 성공의 중요한 포인트다.

식당 사장의 인품은 따로 있다

식당은 사람들이 어울려 돌아가는 곳이다. 남들 쉬는 날에도 일해야 한다. 육체적으로, 정신적으로도 쉽지 않다. IT 업계처럼 주식이 한방 크게 터져 직원들에게 엄청난 성과급을 줄 수 있는 업종도 아니다. 진입 장벽도 낮다. 투자 대비 수익을 드라마틱하게 얻을 수 있는 산업도 아니다. 일한 만큼 얻을 수 있는 정직한 비즈니스다. 식당 사장은 남들이 보지 못한 혜안을 갖고 엄청난 아이디어와 전략으로 매출을 폭발적으로 늘릴 수 있는 데 한계가 있다. 식당 사장은 카리스마 있는 경영자보다는 인간적인 모습을 보여 주는 것이 좋다. 식당은 기업이 아니라 여러 사람이 일하며 같이 어울려 돌아가는 조직에 가깝다. 식당 사장은 기업처럼 목표를 제시하고 직원 개인의 성과를 세심히 따지기보다 일하는 직원들끼리 잘 어울려 식당이 문제없이 돌아가도록 지원해 주는 역할이다. 그래서 외식업은 사람 비즈니스라고 부른다.

사장은 늘 일의 핵심, 업의 본질에 대해 생각해 볼 필요가 있다. 외식업은 공장을 운영하는 것과 같은 제조업 성격과 사람을 대상으로 하는 서비스업의 성격이 결합되어 있다. 꼼꼼하고 정확도 있게 맛있는 음식을 만들어 내야 하고, 좋은 서비스를 통해 고객 만족을 이끌어 내야 한다. 그 근본에는 사람이 있다. 사람을 소중하게 여기고, 팀워크로 일하는 식당이 성공할 수 있다.

4강. 우리 식당 찾을 이유 만들기

　누구나 고객 만족의 중요성을 말한다. 고객 만족이 모든 사업 성공의 핵심이기 때문이다. 과거 공급자 중심으로 시장이 운영되던 시기도 있었다. 하다못해 개인이 무슨 지역 대리점 하나만 따도 돈을 상대적으로 쉽게 벌 수 있던 시절이었다. 지금은 상황이 많이 달라졌다. 제품의 공급 과잉으로, 고객 우위 시장으로 바뀐 지 오래다. 고객들의 선택지가 넓어졌다. 고객들은 항상 무엇인가를 필요로 한다. 장사하는 사람들은 이런 고객들의 필요를 해결해 주고, 그 대가로 이익을 얻는다.

　고객의 요구 사항은 시간이 갈수록 수준이 높아져 가고, 심지어 자주 바뀌기도 한다. 현재 내가 갖고 있는 지식과 기술이 언제까지나 고객에게 가치를 줄 수 있는 것도 아니다. 변화무쌍한 고객의 요구 사항을 내가 잘 맞출 수 있게 나 스스로 변화하는 것, 그것이 바로 혁신이다. '제행무상諸行無常', 이 세상 만물은 늘 변화한다는 뜻이다. 시시각각 변하는 세계에서 내가 제대로 내 위치를 지키기 위해서도 계속 변화해야 한다. 고객의 눈높이, 시장의 환경, 경쟁상대는 반드시 진화하게 되어 있다. 맛이나 품질의 기준이 변하기도 한다. 새로운 경쟁 상대는 계속 등장하기 마련이다. 고객에게 '변함없다'라는 말을 듣기 위해서는 늘 변화를 준비해야 한다. 내가 지켜야 할 원칙과 가치를 지키기 위해서라도 유연함을 갖고 있어야 한다.

"마케팅이란 고객이 원하는 상품을, 고객이 원하는 가격으로, 고객이 원하는 장소에서, 고객이 원하는 방식으로 제공하는 것이다." 이랜드 창업자인 박성수 회장님의 말이다. 강연에서 직접 들었던 이야기인데 오랜 시간이 지나도 제스처 하나하나 기억날 정도로 강렬했다. 그는 고객에게 기업이 모든 영역에서 맞춰져 있으면, 회사가 별도 광고나 판매 촉진 활동 없이도 제품 판매가 저절로 일어날 수 있고 이것이 상품 마케팅의 본질이라고 했다. 고객 입장에서 우리 매장을 찾는 이유가 무엇인지 생각해야 한다.

단 한 가지 필살기

고객들이 '왜 우리 식당을 찾는지', '우리 식당의 장점과 단점은 무엇인지' 이런 질문을 계속 품고 고민해야 한다. 우리 가게가 고객을 만족시킬 수 있는 최소한의 단 한 가지가 꼭 있어야 한다. 손님이 바로 피부로 느낄 수 있는 우리 식당의 '단 한 가지'의 필살기가 반드시 있어야 한다. 고객 입장에서 생각하고 고객을 공부해야 한다. 잘되는 프랜차이즈 매장을 냈다고 돈이 저절로 벌리는 건 아니다. 장사를 하면서 고객 공부는 꾸준히 해야 한다. 그렇지 않으면 망한다. 외식업은 사람 비즈니스라고도 한다. 사람에 대해서 잘 알아야 한다. 고객의 마음을 잘 이해할 수 있어야 어떤 음식을 팔아도 잘 팔고, 공간과 서비스까지 같이 팔 수 있다. 고객에게 관심이 없어질 때가 위기가 시작되는 순간이다. 우리 매장을 찾은 고객이 우리 매장을 어떻게 평가할지 생각하지 않는 순간부터 그 매장은 죽기 시작한다. 고객의 입장에서 고객의 필요를 채우고 문제를 해결할 때 우리는 성장할 수 있다. 고객의 변화에 따라서 내가 어떻게 변해야 할지 방향을 잡을 수 있다.

고객은 냉정하다. 서비스하는 입장과 받는 입장은 천지 차이다. 서비스하는 입장에서는 '오픈 한 지 얼마 안 된 매장이니 고객들이 이해해주겠지', '내 어려운 사정과 내 진심을 고객들은 알아주겠지' 라고 스스로 마음 편하게 생각할 수 있다. 하지만 고객의 평가는 냉혹하다. 내가 식당을 연 것이 처음인 것도 모르며, 우리 가게 인원이 부족한지 여부에 관심이 없다. 본인의 필요가 충족되지 않으면 아주 쉽게 떠나고, 때로는 반감을 갖고 안 좋은 소문도 내는 것이 고객이다.

필살기 있는 식당들의 사례

맥도날드의 필살기 - 속도

아침, 바쁜 출근 시간에 드라이브 스루 매장에서 단 몇 분 만에 알찬 아침 메뉴가 나오는 것은 고객들에게 대단한 효용을 제공한다.

뷔페 레스토랑의 필살기 - 메뉴 숫자

고객들이 뷔페에 가서 식사를 할 때 메뉴 가짓수가 많고 품질이 높을 때 탄성이 저절로 나오고 만족감을 느낀다.

저가 커피브랜드의 필살기 - 가격

대형 커피 프랜차이즈에 비해서 절반에 가까운 가격에 커피를 제공한다. 맛도 비교하기 어려울 정도로 상향평준화가 되었다.

평양냉면 식당의 필살기 - 세월

맛도 맛이지만 세월을 지켜온 브랜드 가치도 필살기가 될 수 있다.

고객 중심으로 장사를 하지 않았던 사람은 다른 외식업을 차려도 성공하기가 쉽지 않다. 특별한 계기가 없거나 절박한 환경이 아니라면 기존 습관을 버리지 못하는 분들이 대부분이다. 짧게는 20년 길게는 50여 년 이상 다른 삶을 살았는데 창업을 하게 된다고 단기간에 사람의 사고와 습관, 태도가 바뀌지는 않는다. 직장을 다닐 때는 주어진 업무만 처리해도 정해진 날에 급여가 들어왔다. 이른바 오랜 기간 갑의 위치와 사고방식으로 살아오신 분들은 장사에서 성공하기가 쉽지 않다. 우선 고객에게 큰 관심이 없고, 매장 직원들의 의견도 주의 깊게 듣지 않고 지시만 하려는 습관이 있기 때문이다.

질문 문항 만들기

고객의 범위는 생각보다 넓다. 식당을 직접 방문하는 손님들이 1차 고객이라면, 2차 고객은 식당에서 같이 일하는 직원 동료가 될 수 있다. 3차 고객은 내 식당에 식재료 등을 납품하는 협력사 직원들이다. 나의 사업을 응원하는 가족도 고객이 될 수 있겠다. 이런 다양한 고객들에게 직접 물어봐야 한다. 내가 뭘 해 줬으면 좋을지, 뭐가 부족하고 어떤 점을 개선하면 좋을지 정기적으로 물어봐야 한다. 고객의 소리를 듣고 분별해 고객이 진짜 원하는 것들을 해결해 나가야 한다. 나는 열심히 한다고 하지만 다른 사람이 원하는 것은 분명 다를 수가 있다. 나는 스스로 꽤 잘하고 있다 생각하지만, 실제로 고객에게 물어보면 완전히 다른 이야기가 나올 수 있다. 같이 사는 가족에게서조차도 마찬가지다. 실제로 직접 들으면 충격을 받을 수도 있으니 조심하자. 그러니 가까운 친구나 가족에게도 제대로 질문해 보지 않는 경우가 많다. 내가 이 장사에 맞는 사람인지, 내 가게는 어떤지 질문 문항을 정교하게 만들어 체크해 보게 하는 것도 좋은 방법이다.

질문 바꾸기

　성공하는 사람들의 기본 특징은 긍정적인 생각과 말이다. 부정적인 생각이 들면 의식적으로 긍정적인 마음과 문제를 해결할 수 있는 방향을 생각하는 노력이 필요하다. 부정적인 생각은 원래 끊임없이 꼬리를 물고 증폭되는 성질을 갖고 있다. 안 해도 될 걱정까지 하게 된다. '오늘 왜 장사가 안되지?'는 '어떻게 하면 장사가 잘될까?', '내가 왜 이런 지하 식당 자리를 골라서 이 고생을 하나?'는 '지하에 어떻게 하면 고객들을 오게 할 수 있을까?'로 스스로 질문을 바꿔야 한다. 질문을 바꾸면 내가 할 일이 많이 생기고 바빠진다. 완벽한 현실이란 없다. 부족한 부분은 내가 찾아서 하나씩 해결하는 것이다. 그것을 하나씩 이뤄 나가면서 생기는 것이 바로 내공이고 실력이다. 모든 것을 갖고 시작한 사람은 절대 가질 수 없는 경험과 문제 해결 능력이 생기게 된다.

　문제란 목표와 현실의 차이를 말한다. 문제 해결이란 결국 목표와 현실의 차이를 없애 나가는 것을 뜻한다. 문제에만 몰두하는 것이 아니라 해결 중심으로 질문을 바꿔 생각해 버릇해야 한다.

질문 바꾸기

내가 왜 이런 지하 식당 자리를 골라서 이 고생을 하나?

⇨ 지하에 어떻게 하면 고객들을 오게 할 수 있을까 ?

젊은 직장인들이 요즘은 왜 떡볶이를 안 먹지?

⇨ **남성 직장인들도 좋아하는 떡볶이는 어떤 맛일까?**

우리 식당은 왜 이렇게 저녁 매출이 낮을까?

⇨ **저녁 매출을 올리기 위해서는 어떤 방법이 있을까?**

매일 혁신하기

매일 조금씩 나 자신이 변해 가는 것이 '혁신'이다. 고객은 항상 무엇을 필요로 하는 결핍의 존재다. 사업이란 그 고객의 필요를 채우고 이익을 얻는 일이다. 사업을 위해서 고객을 관찰하고, 고객 입장에서 생각하고, 고객에게 묻고 해결책을 찾아 나가야 한다. 사업 환경은 계속 바뀌기 때문에 나도 계속 변해야 한다. 그것이 혁신이다. 고객은 내 사정을 다 이해해 주지 않는다. 불만이 있어도 직접 표현하지 않는 경우도 많고, 조용히 발길을 끊기도 한다. 진짜로 고객이 원하는 것은 무엇일까? 쉽지는 않지만 사업을 한다면 계속 고민해야 할 질문이다.

세계적인 식품 전문가 Anklesaria는 이런 말을 했다. "팔굽혀펴기나 윗몸일으키기를 생각해 보라. 팔굽혀펴기를 매일 50회씩 한다고 해도 매일 매일 운동이 쉬워지지는 않는다. 잘 늘지 않고 매번 할 때마다 힘이 든다. 하지만 우리는 알고 있다. 운동을 꾸준히 하면 반드시 몸이 좋아진다는 것을 말이다."

외식 자영업을 하면서 매뉴얼을 만들고 매일매일 그 매뉴얼을 원칙으로 고수하며 서비스와 맛, 직원관리와 마음가짐을 일정하게 유지하며 일을 해 나가는 것은 대단히 중요하고 대단히 어렵다.

그러나 그 원칙을 매일매일 팔굽혀펴기를 하듯 해 나가면 결코 쉬워지지 않지만, 분명한 것은 점점 고객만족이 높아지고 매출이 오르면서 '내 가게'가 '성공사업장'으로 향해 갈 것이다.

고객이 행복해야 내 가게가 성공한다

외식업은 사람을 행복하게 해 주는 일이다. 맛있는 음식은 사람을 행복하게 한다. 우리가 외식을 하는 장소인 식당食堂은 밥 식食, 집 당當 자를 쓴다. '食'은 人사람인과 良어질 량이 합쳐진 한자다. 무엇을 먹는다는 의미가 '사람을 어질게 해 준다', '행복하게 해 준다'는 의미도 갖고 있다. 용인의 한 유명한 막국수 집에는 영수가복永受嘉福이라는 글귀가 손님을 반긴다. 이곳에 오시는 분들은 영원토록 행복을 얻으며 산다는 뜻이다. 외식업은 음식을 통해 사람들을 행복하게 하며, 사람들이 행복해야 가게가 번성할 수 있다.

업의 본질에 집중해야 행복할 수 있다. 식당업의 본질은 음식을 만드는 것이다. 주방에서 음식을 만들고 땀 흘리고, 고객이 맛있게 먹는 모습, 고객의 다양한 눈빛 등에서 즐거움을 느낄 수 있어야 한다. 이것을 못 느끼면 오래 버티기가 쉽지 않다. 기계처럼 일하게 된다. 내가 일하면서 행복해야 같이 일하는 직원도 행복을 느끼고, 고객도 행복할수가 있다. 돈은 따라오는 것이다. 순서가 바뀌면 안 된다. 쳇바퀴 돌아가듯이 식당 일을 하다 보면 내가 여기서 왜 이 일을 하고 있는지 근본을 잊어버리기 쉽다. 내가 하고 있는 일의 목적과 이유를 자기 나름대로 정리해 놔야 한다.

버티는 것도 능력

"좋아하는 일을 찾는 것이 아니다. 내가 선택한 것을 좋아해야 한다. 내 앞에 주어진 것을 좋아하도록 해야 한다." 일본 스시 장인 오노 지로의 다큐멘터리 영화 '스시 장인: 지로의 꿈'에 나오는 이야기다. 프로의 세계에서는 그렇다.

자기 계발서 책에는 자기의 적성에 맞는 일을 찾으라고 많이들 이야기한다. 그것을 1만 시간, 10년을 몰입해서 훈련하면 한 분야의 장인이 된다는 법칙도 나온다. 맞는 말 같아 보인다. 하지만 소수의 예체능 분야를 제외하고는 자기 재능을 어릴 때 발견하고 몰입해 성공하는 경우는 드물다. 오히려 어쩌다가 우연히 시작하게 된 일이지만, 주변의 절박한 환경에 의해 자신을 벼랑 끝으로 몰아세우며 장시간 한 분야에서 버티다 보니 큰 인물이 되는 경우도 많다.

외식업계에 들어오시는 분들은 각자 사연이 많다. 여유가 많아 취미 생활로 카페를 운영하시는 사장님들도 있지만, 대체로 녹록지 않은 상황에 계신 분이 많다. 회사에서 퇴직을 했거나, 기존 사업이 잘 안 풀렸다거나, 원하는 곳에 취업이 잘 안 되어 임시로 식당이나 카페에서 아르바이트를 하거나, 사연은 다양하다. 솔직히 말해서 창업은 살길이 막막해야 성공 확률이 높아지는 부분도 있다고 생각한다. 그래야 스스로 훈련이 되기 전까지 숙이고 들어갈 수가 있다. 더럽고 치사해도 식당일을 해야 하기 때문이다.

대체로 작은 규모의 식당이나 분식집에 가면 바로 보인다. 이 사장님이 목숨 걸고 하는 분인지 아닌지. 긍정적 사고로 아무리 무장하고 있어도, 꼬박꼬박 수백만 원씩 월급 받던 사람이 퇴사 후에 분식집에서 3~4천 원짜리 김밥을 먹는 사람에게 바로 고개 숙이며 장사하는 것이 쉽지는 않은 일이다. 세상에는 별의별 손님들이 많다. 대놓고 자기 맘에 안 든다고 성질부리는 진상손님도 있고, 무심코 손님이 툭툭 던지는 말에 자존심 상하기도 한다. 처음에는 손님의 클레임 말 한마디에 극도의 스트레스가 쌓이지만 꾹 참고 지내다 보면 내적 타격 없이 한 귀로 듣고 한 귀로 흘려보낼 수 있는 도인의 경지에 이르게 된다.

뷔페식당 주방에서 일할 때 일이다. 주방 마감을 하고 그날 나온 음식물 쓰레기를 건물 외부로 버리러 갈 때였다. 매출이 워낙 높았던 뷔페 매장이라 하루에 나오는 음식물 쓰레기양도 많았다. 대형 검정 비닐로 두 번씩 묶어 바퀴 달린 통에 꾹꾹 눌러 담아 끌고 나갔다. 하루 종일 주방에서 치킨 등을 튀기면서 근무하다 보니 온 몸은 땀으로 범벽이 되어 있었고 유니폼은 땀에 절어 있었다. 그날은 주방 물청소까지 하고 나와 행색이 말이 아니었다. 이때 지나가는 한 아주머니가 어린 아들에게 다 들리는 귓속말로 "너 공부 열심히 안 하면 저렇게 된다"라고 했다. 멘탈이 나간다고 하는 느낌이 이런 건가 싶었다. 그러나 평정심이 중요하다. 일희일비하지 않아야 한다.

그날그날 매출 변화에 따라 몸과 정신 상태가 오락가락해서는 안 된다. 본인이 정한 오전 목표 매출이 채워지지 않는다고 수시로 포스POS만 찍어 보면서 한숨을 쉬어 봐야 그 기운이 손님에게 고스란히 전해질 뿐이다. 때로는 느긋하게 기다릴 수 있는 마음도 필요하다. 임계점이라는 것이 있다. 물도 서서히 조금씩 끓어 가는 것이 아니라, 일정 온도 지점에서 전체가 확 끓어오르는 것처럼, 일정 단계에서 고비를 넘기면 한 단계 도약이 가능하다.

원칙 지키기

처음 가졌던 마음을 잊지 말자. 식당을 시작할 때 자신이 세웠던 원칙을 지켜야 한다. 치킨집에서 처음에 좋은 닭을 썼으면 끝까지 좋은 걸 써야 한다. 사이즈를 줄이거나 싼 식재료로 바꿔 버릇하면 사람 마음이 간사해진다. "반찬은 최소 3가지 이상 올리겠다"와 같이 처음 원칙을 정했으면 지킬 수 있게 노력해야 한다. 장사가 안 된다고 반찬 수를 줄이고, 음료에 과일청을 덜 넣고, 계란찜에 물을 더 타고, 어묵을

싼 어묵으로 바꾸는 것은 본인 꾀로 자기 발등을 찍는 것이다. 고객들이 모를 것 같다고 생각하지만 엄청난 착각이다. 특히 수익을 조금 늘리자고 본인 식당에서 대표가 되는 메뉴의 식재료 품질을 낮추는 것은 자멸행위다.

망하는 지름길로 달릴 것인가?
장사가 안 된다고 반찬 수를 줄이고,
음료에 과일청을 덜 넣고,
계란찜에 물을 더 타고,
어묵탕에 싼 어묵을 넣고…….

감사 정신

기본적으로 내 가게에 와 준 손님에게 감사하는 마음이 있어야 한다. '감사'라는 단어는 생각보다 힘이 강력하다. 감사하는 마음은 긍정적인 사고를 할 수 있게 도와주며, 주변 사람에게 긍정적인 영향을 끼친다. 감사는 연습하고 훈련해야 한다. 많은 자기계발서에서는 '감사 일기'를 매일 쓰라고 권하기도 한다. 내용은 거창한 것도 아니고 하루 중에 아주 작은 일상의 것들도 감사 목록으로 찾아 기록하다 보면 자신을 위한 마음의 알약과 같은 효과가 있다고 한다. 장사를 떠나서도 사회생활을 하다 보면 감사할 줄 아는 마음은 성숙한 사람과 그렇지 않은 사람을 구분할 수 있는 기준이 되기도 한다. 또한 감사하는 마음이 있어야 사업이 잘되고, 주변에 나눔을 하며 감사를 표현할 수가 있다. 감사는 비즈니스의 기본이다.

외식업 사장님이 가져야 할 5가지 마음
1. 고객을 행복하게 해야 내가 성공한다는 마음
2. 긍정적인 관점에서 생각하고 해결책을 찾아가는 마음
3. 어려운 환경에서도 버텨 낼 수 있는 강인한 마음
4. 처음 내가 가졌던 마음, 초심
5. 감사하는 마음

아무리 교통이 불편한 곳에 있는 식당이라도
열성 고객들은 찾아간다.
반대로 위치가 아무리 좋아도
실력 없는 식당들은 퇴출되기 쉽다.
이제는 상권보다는 음식 본질에 충실한 가게가 더 주목받는다.

2장.
외식업 창업 전
꼭 알아야 할 것

5강. 아이템을 어떻게 정하는가

가게를 창업하기 위해서 일반적으로 다음과 같은 절차를 거친다. 자금 확보, 아이템 선정, 개인 음식점을 열 것인지 가맹점을 할 것인지 결정, 지역과 상권 분석, 점포 선정 및 계약, 메뉴 개발, 매장 인테리어 공사, 관공서 인허가 업무 및 교육, 직원 채용, 매장 기계 및 기물 구매, 초도 식자재 입고, 파일럿 테스트, 실제 매장 오픈 등의 순서로 진행된다.

나만의 아이템을 찾기 위해서는 '자기 분석', '벤치마킹', '현장 경험' 등 3가지 과정이 필요하다. 우선 제일 중요한 것은 자신과 잘 맞는 아이템을 골라야 한다. 그 음식을 좋아하거나, 잘 만들거나, 그것도 아니라면 그 음식을 잘하는 식당들을 많이 알고 장단점을 분석할 수 있는 실력을 갖춰야 한다. 창업은 잠깐 하고 그만두는 것이 아니기 때문에 근본적으로 본인과 궁합이 잘 맞는 아이템을 골라야 한다. 내가 누구며, 무엇을 좋아하고, 잘하는 것은 무엇인지, 내 성향이 이런 아이템 식당을 하는 데 적합한지 깊게 생각해 보고 골라야 한다. 내가 좋아하는 아이템을 골라야 위기에 닥쳤을 때 버틸 수 있는 힘이 된다. 돈만 보고 가면 어려움이 닥쳤을 때 금방 포기한다.

식당 오픈 준비 순서

①자금 확보 ②아이템 선정 ③개인 음식점을 열 것인지 가맹점을 할 것인지 결정 ④지역과 상권 분석 ⑤점포 선정 및 계약 ⑥메뉴 개발 ⑦매장 인테리어 공사 ⑧관공서 인허가 업무 및 교육 ⑨직원 채용 ⑩매장 기계 및 기물 구매 ⑪초도 식자재 입고 ⑫파일럿 테스트 ⑬실제 매장 오픈

자금계획 - 최소한의 돈으로 시작하라!

우선 중요한 것은 창업은 가능한 한 최소한의 돈으로 시작해야 한다는 것이다. 총 가용 자금에 맞춰 오픈 예산을 잡지 않는 것이 중요하다. 무슨 말이냐면 가용 예산이 3억이 있다고 3억의 추가 대출을 받아 모든 것을 걸고 가는 형태로 식당을 열면 안 된다는 뜻이다. 가게를 열고 일정 기간은 목표 수입에 못 미칠 가능성이 높다. 창업 후 안전 자금은 꼭 필요하며 예산에 미리 반영해야 한다.

창업의 첫 단계는 좋은 아이템을 찾는 일이다. 좋은 아이템이란 수익성이 좋고 나와 궁합이 잘 맞는 아이템이다. 수익은 유행을 타지 않

고 재구매가 꾸준히 일어나거나, 마진이 좋고, 조리가 간단한 음식이 좋다. 나와 잘 맞는 아이템을 찾기 위해서는 나 자신을 먼저 잘 알아야 한다. 그리고 다른 식당들을 많이 다녀 봐야 한다. 많은 대박 식당의 고객들을 관찰 분석하고 내 식당이 고객에게 줄 수 있는 가치와 필살기를 고민해야 한다. 그리고 무엇보다 더 중요한 것은 식당을 차리기 전에 미리 현장을 몸으로 경험해 봐야 한다는 것이다.

아이템을 찾기 위해 필요한 3가지 과정
자기 분석 & 벤치마킹 & 현장 경험

초보 창업자는 유행 아이템을 피하라

초보 창업자라면 유행하는 아이템은 되도록 피하는 것이 좋다. 국내 외식 시장은 변화가 너무 심하기 때문이다. 짧은 시간 내에 매장 수가 급격히 늘어나는 브랜드일수록 그만큼 순식간에 사라질 가능성 또한 매우 높다. 유행 아이템은 경험 많은 외식 운영자들이 시장의 흐름을 읽고, 도입기에 들어가 성장기에 빠져 나오는 전략 도구다. 초보자들은 그런 타이밍을 포착해 시장에 진입하고 빠져 나오기는 힘들다. 아이템만 잘 고르면 성공이 보장된 것처럼 생각하는 착각도 버려야 한다. 그런 것은 없다. "요즘에는 무슨 아이템이 뜬다더라" 같은 소문만 듣고 무작정 시장에 들어가서는 안 된다.

2장 외식업 창업 전 꼭 알아야 할 것

일급기밀 !! - 유행 아이템은 선수들의 작전주
유행 아이템은 경험 많은 외식 운영자들이
시장의 흐름을 읽고, 도입기에 들어가서
성장기에 빠져 나오는 전략 도구

유행을 타지 않는 메뉴가 오래갈 수 있다. 트렌디한 아이템은 수명라이프 사이클이 짧다. 장기적으로 수익성을 확보할 수 있는 아이템을 골라야 한다. 수익성이 높은 메뉴는 재구매가 짧은 주기로 계속 일어나거나, 마진이 좋아 많이 남거나, 조리 과정이 간단한 메뉴다. 신제품이 계속 쏟아져 나오는 치킨 메뉴를 보자. 고객은 돌고 돌아 결국 프라이드치킨이나 양념치킨으로 회귀한다. 신제품은 호기심 차원에서 처음 몇 번 구매할 수 있으나 재구매가 지속되기 힘들다. 분식 메뉴는 접근성은 쉽지만 메뉴 수가 너무 많아지면 판매가가 낮고 손이 많이 간다. 많이 판 것 같지만 정작 수익은 얼마 안 될 수 있다. 수익성이 없으면 아무리 나랑 잘 맞는 아이템이라도 큰 의미가 없다. 특정 메뉴의 맛집으로 인식되도록 하는 것이 좋겠다

벤치마킹을 하라

다음은 벤치마킹이다. 당신이 막국수 집을 차린다고 결심했다면, 최소한 전국 유명 막국수 집 20곳 이상은 가 봐야 하지 않을까? 들기름

막국수로 유명한 용인 고기리 막국수의 대표 김윤정 님은 전국의 막국수 집 100여 군데를 다녔고 그 이야기를 블로그에 정리해 놓았다. 김 대표는 "막국수를 너무 좋아해 1년에 280번은 막국수를 먹고, 심지어 타인이 막국수를 좋아하게 되는 것을 보는 것만으로도 큰 기쁨을 느낀다"고 한다. SNS에서 김 대표의 막국수 사랑과 막국수를 매개로 한 고객과의 따뜻한 소통을 느낄 수 있다. 고기리 막국수 집은 용인에서도 아주 외진 곳에 있는데 하루평균 매출 천만 원으로 연 매출 삼십 억 원을 넘어서고 있다.

들기름 막국수 집_김윤정 사장님 성공 사례
전국 유명 막국수 집 100여 군데를 다니고,
1년에 280번은 막국수를 먹고
다른 사람들이 막국수 먹는 모습을 관찰하고
각 가게의 특징을 조사했다!

2장 외식업 창업 전 꼭 알아야 할 것

벤치마킹 과정도 고객을 보라

벤치마킹 과정에서 주의 깊게 봐야 할 것은 역시 고객이다. 대박 식당의 고객은 누구며, 식당이 어떤 가치를 고객에게 주고 있는지 살펴야 한다. 앞으로 내 식당은 어떤 고객을 대상으로 운영할 것인지도 정해야 한다. 마케팅 교과서를 보면 고객의 범위는 구체화하면 할수록 더욱 좋다고 한다. 모든 사람을 내 고객으로 만들려고 하면 죽도 밥도 안 된다. 아침 식사를 가볍게 빨리 먹고 나가고 싶은 30~40대 직장인, 건강을 위해 점심에 샐러드를 포장해 사 먹는 20대 여성들, 저녁엔 얼큰한 국물에 밥을 말아 먹고 수육을 같이 시켜 먹고 싶은 사람 등등. 고객을 세분화해야 한다. 고객층을 세분화하면서 아이템 사냥의 범위도 좁혀 나가야 한다.

벤치마킹의 주의점

벤치마킹할 때는 한 가지를 집중해서 보고 실행해야 한다. 여러 가지 장점을 모두 모은다고 최고 식당이 되지는 않는다. 오히려 배가 산으로 갈 수가 있다. 핵심 성공 요인은 결국 하나다. 예를 들어 전국의 유명한 짜장면 집을 찾아다닌다고 하자. 어떤 집은 양을 많이 주고, 어떤 집은 가격이 싸다. 인테리어가 멋있는 집, 면발이 쫄깃한 집, 짜장에 해물을 넣어 주는 집, 주차 공간이 넉넉한 집, 위치가 좋은 집, 짜장면 위에 큰 계란 프라이를 올려 주는 집 등등. 만약 내가 창업하는 식당에 이 장점 요소를 모두

넣으려고 욕심을 부리면 어떨까. 이도 저도 안 된다. 주방도 복잡해지고 가격도 맞출 수가 없게 된다. 핵심 필살기는 결국 하나다.

현장 근무 경험

마지막으로 최종 아이템을 고르기 전에 식당 현장 근무 경험은 필수에 가깝다. 외식업은 실행이 중요하다. 외부 교육을 받고 정보를 습득하는 것도 도움이 되겠지만, 실제 현장에서 고객과 직접 소통해 보고 주방에서 땀 흘리고 일하는 경험을 해 봐야 한다. 음식을 고객입장에서 맛만 보는 것과 직접 조리를 해 보는 것은 차원이 다른 일이다. 재료 손질도 직접 해 보고 일에 친숙해져야 한다. 식당 일이 나랑 맞을지 가장 확실히 알 수 있는 방법은 직접 경험해 보는 일뿐이다. 직접 경험해 보고 내가 식당 일과 맞는지 판단하는 것이 가장 빠르고 정확하다.

현장 근무가 중요한 것은 식당의 각 세부 영역에서 지식을 쌓을 수 있기 때문이다. 이것은 나중에 식당을 창업하고 경영하는 데 큰 도움이 된다. 작은 일처럼 보여도 기술과 지식이 필요하지 않은 일은 없다. 단순해 보이는 설거지조차 분명 노하우가 있다. 내가 처음 근무했던 뷔페 매장에서는 하루 종일 손님이 너무 많았다. 그날 주방에 배치된 설거지 담당이 누구냐에 따라 속도가 달랐다. 손이 느리거나 스킬이 부족해서 기계 세척 속도도 늦어지면, 고객에게 새로운 접시를 제공할 수가 없어 손님 입장을 일시 제한하는 경우도 있었다.

설거지를 통해 모든 것을 배운다!
애슐리 잔반 분석 프로젝트

설거지 파트에서 일하다 보면 손님들이 많이 남기는 반찬이 무엇인지도 알게 된다. 고객들이 왜 이 반찬을 많이 남기는지 고민하게 되고, 이를 개선하게 되면 고객만족에 도움이 될 수 있다. 현장 경험 없이는 알 수 없는 것이다. 이랜드 외식사업부 신입사원으로 입사해서 맡은 첫 번째 현장 일은 '애슐리 잔반 분석 프로젝트'였다. 입사 동기들이 주방 뒤에 모여 한 달 동안 고객 분들이 접시에 남기고 간 음식 잔반을 메뉴별로, 재료별로 나눠서 중량을 재면서 파악했다. 잔반 분석을 통해 긴 러스크 식빵을 한 입 크기로 변경하기도 했다. 폐기량이 많은 각각의 메뉴는 원인을 분석해 개선하거나 아예 메뉴 자체를 중단했다.

설거지 업무는 하나의 작은 예시에 불과하다. 창업 전에 타인이 운영하는 식당에서 일하면서 여러 가지 일을 직접 경험해 봐야 한다. 잘되는 식당에서는 장점을, 안되는 식당에서는 개선할 점을 배울 수 있다. 간단해 보이는 서빙도 주방 조리 프로세스와 음식에 대해서 잘 알면 더 멋진 서비스가 가능하다. 고객 클레임이나 메뉴에 대한 질문도 주도적 대응이 가능하다. 음식은 종류에 따라서 같이 나가는 음식이 다르거나 혹은 나가는 순서가 다른 경우도 있다. 이런 세세한 것들은 직접 경험해 봐야 알 수 있고 상황에 따른 원활한 대처가 가능하다.

이렇게 하나씩 답을 찾아 나갈 때 식당 운영의 기술과 지식이 쌓이는 것이다.

6강. 프랜차이즈는 어떻게 고르나

아이템 방향을 어느 정도 잡았다면, 프랜차이즈 창업을 할 것인지 개인 창업을 할 것인지 결정해야 한다. 프랜차이즈 창업은 본사에서 메뉴 개발, 가격 책정, 매장 인테리어 공사, 홍보 등등을 해 주기 때문에 초보 창업자에게 비교적 편하다. 개인 창업은 전수 창업과 독립 창업으로 나눌 수 있다. 전수창업傳受創業이란 도제식 창업이라고도 하며, 기존 창업자로부터 메뉴 레시피나 식당 운영노하우를 전수받아 창업하는 방식이다. 독립 창업은 처음부터 끝까지 본인 스스로 하는 방식이다. 물론 정해진 정답은 없다. 나의 현실과 맞는 조건들을 살펴보고 결정해야 한다.

창업자 개인의 성향과 사업 경험이 선택 기준은 될 수 있다. 외식 사업 경험이 없고, 직장 생활을 오래 했던 사람이라면 프랜차이즈 창업이 더 적합할 수 있다. 정해진 업무 매뉴얼에 따라서 운영 관리하는 것이 좀 더 익숙하고 성과를 내기도 쉽다. 반면, 본인만의 차별화된 조리 기술을 갖고 있거나 도전적 성향을 갖고 있다면 개인 창업도 방법이 될 수 있다. 하지만 최근 골목 상권은 시간이 갈수록 대형 외식 프랜차이즈로 재편되고 있다. 웬만한 전문성을 갖추고 있지 않다면 개인 가게가 성공하기 쉽지 않은 방향으로 가고 있다. 초보 외식 창업자들에게는 좋은 프랜차이즈를 찾는 방법을 고민하는 것이 좀 더 현실적 대안이 될 수도 있다.

전수 창업이란?

1. 사업성이 검증된 외식 점포에서 메뉴 제조 노하우 전수레시피 구매
2. 식당 운영철학, 시스템, 식재료 유통 및 공급 거래처 정보 공유
3. '전수 창업 계약서' 작성 필수

프랜차이즈 창업의 유의점

좋은 가맹점을 찾기 위해서는 프랜차이즈 박람회나 본사 설명회에서 상담을 받는 것이 일반적인 방법이다. 관심 있는 프랜차이즈 본사를 다니며, 가맹 담당자들과 미팅을 통해 비즈니스 구조에 대한 설명을 듣고 여러 브랜드의 장단점을 비교 정리해 봐야 한다. 문제는 수많

은 국내 외식 프랜차이즈 가운데 제대로 된 관리 시스템과 경쟁력을 갖춘 브랜드가 많지 않다는 것이다. 프랜차이즈 박람회에 가서 창업 상담을 받아 보면 가장 기초 정보인 가맹점 수익 구조에 대해서 자세히 설명해 줄 수 있는 곳조차 드문 것이 현실이다. 신규 매장 유치에만 혈안이 되어 가맹비만 받고 가게 오픈하고 몇 년 뒤에 본사가 사라지는 '떴다방 프랜차이즈'도 많다.

특별한 기술과 지식이 없어도 고수익을 보장해 준다는 문구에 쉽게 현혹되면 안 된다. 가맹점 선택에서 제일 중요한 기준은 '안정성'이다. 단기간에 고수익을 거둘 수 있다는 것은 치명적인 위험을 내포하고 있다는 뜻이다. 프랜차이즈 사업을 선택하는 것은 드라마틱한 고수익을 얻기보다 안정적인 수익을 중장기간 확보하기 위한 목적 때문이 아닐까? 세상 이치가 그러하다. 대박 수익과 안정성 모두를 가져갈 수는 없다. 따라서 프랜차이즈를 선택할 때 그 기업이 그동안 얼마나 안정적으로 외식 비즈니스를 해 왔는지 업력을 확인하는 것이 중요하다.

좋은 프랜차이즈란?

프랜차이즈 회사의 수익은 보통 가맹비, 유통 마진, 로열티 3가지로 구성된다. 가맹비는 신규 가맹 계약을 하고 매장을 오픈할 때 가맹주에게 받는 금액이다. 유통 마진은 본사가 가맹점에 공급하는 식품이나 부자재에 붙이는 유통 마진이다. 마지막은 브랜드 사용 로열티다. 하지만 한국 외식 시장에서는 가맹주들이 프랜차이즈 본사에 로열티를 지불하는 것에 대해 매우 부정적인 문화가 있다. 한국 외식 프랜차이즈 비즈니스 역사가 오래 되지 않았고, 로열티를 기꺼이 지불할 만큼 강력한 브랜드 파워와 운영 시스템을 가진 외식 브랜드도 많지 않기 때문으로 생각한다.

따라서 프랜차이즈 본사가 가맹점을 통해 수익을 확보할 수 있는 것은 주로 두 가지뿐이다. 신규 매장 오픈 시 받는 가맹비와 레스토랑에 공급하는 제품에 붙이는 유통 마진. 결국 프랜차이즈 본사가 매출을 단기간에 극대화하기 위해 신규 가맹 점포를 급속히 많이 늘리려는 욕망과 레스토랑에 공급하는 물품의 마진을 적정 수준 이상으로 계속 올리려는 유혹에 빠질 수밖에 없는 것이다. 반대로 말하면, 좋은 프랜차이즈란 가맹주가 돈 벌 수 있는 시스템을 지속적으로 만들어 가는 기업이다. 단기성과에 집중해서 치고 빠져나가는 기업이 아니라, 업의 본질에 집중하고 장기적으로 가맹주와 함께 성장하는 기업이다.

맥도날드 창업자의 프랜차이즈 정신

그런 점에서 세계적 외식기업인 맥도날드의 창업자 레이크록은 프랜차이즈의 본질을 꿰뚫어 본 사람이다. 그는 본인의 자서전 『사업을 한다는 것』에서 " 회사가 공급업자가 되는 방식으로 가맹점 운영에 관여해서는 안 된다. 나는 가맹점주의 성공을 모든 방면에서 도와야 한다고 생각했다. 가맹점 운영자의 성공이 나의 성공으로 연결되기 때문이다. …… 누군가를 동업자로 삼는 동시에, 다른 한편으로 그에게 뭔가를 팔아 이익을 남길 수는 없다. 기본적으로 양립할 수 없는 개념이다. 일단 공급업자가 되면 그의 사업보다는 그에게 팔아야 할 것에 관심을 갖게 된다. 수익을 늘리기 위해 조금 질이 떨어지는 제품을 공급하고 싶은 유혹에 빠질 수 있다. 이렇게 되면 가맹점은 손해를 보고 결국 그 손해는 우리에게 돌아온다"고 기록했다.

세계 1등 외식 기업은 아무나 하는 것이 아니다. 유통 마진을 남기지 않는 프랜차이즈 업체를 찾아야 한다는 말은 아니다. 좋은 외식 프랜차이즈를 골라낼 수 있는 기준을 갖고 있어야 한다는 뜻이다. 초보 창업자는 프랜차이즈 회사의 주 고객이다. 창업 시장에서는 초보 창업자를 낚기 위해 기다리는 낚시꾼들이 줄 서 있다. 내가 좋은 브랜드를 판단하는 기준을 못 세우면 기획 낚시꾼의 미끼를 물게 되어 있다. 낚시에 물린 프랜차이즈 피해자들도 많다. 모든 선택의 책임은 창업자에게 있다.

프랜차이즈, 폭발적 성장의 저주

우선 너무 단기간 내에 급격한 속도로 확산한 외식 브랜드는 걸러봐야 한다. 폭발적 성장이 오히려 브랜드에는 저주로 다가온 경우가 꽤나 많다. 2010년 이후 폭발적 성장을 했지만 지금은 소리 없이 자취를 감춰버린 '카페베네'의 몰락에는 단기간에 이뤄진 무리한 확장이 주요

한 원인으로 지적된다. 카페베네가 사업을 시작한 2008년에는 점포 수
가 24개였다. 2년 뒤에는 395개. 2012년에는 800개. 2013년에는 1,000
호점을 오픈했다. 목초지 공간은 한정되어 있는데, 사육하는 소의 수가
너무 많아지면 목초지는 황폐화될 수밖에 없다. 결국 소끼리 싸우다가
서로 죽는 것이다.

프랜차이즈 브랜드의 폭발적 성장과 낮은 진입 장벽의 실패 사례
대만 카스텔라, 하루에 평균 약 1.5개의 신규 매장
진입 장벽이 낮아 카피브랜드도 동시에 우후죽순으로 생겨남

대만 카스텔라의 몰락도 하나의 예로 볼 수 있다. 대만 카스텔라는
레시피가 간단해 누구나 만들기 쉬웠다. 진입 장벽이 낮다 보니 제품
카피가 용이했다. 공정거래위원회 자료에 따르면, 2016년 11월에 대만
카스텔라 아이템으로 사업자등록을 한 업체의 경우, 등록 두 달 만에
신규 점포를 83개 유치한 것으로 나온다. 하루에 평균 약 1.5개의 점포
를 계속 오픈한 것이다. 유사 카피 브랜드도 동시에 우후죽순으로 생
겨났다. 짧은 시간 내에 가맹점이 급증하면 점포당 수익은 급격히 떨어
진다. 실제로 대만 카스텔라의 추락은 〈먹거리 X파일〉 때문으로 알려
져 있지만 실상은 단기간에 무리하게 확장한 프랜차이즈 업체와 물불
안 가리고 뛰어든 가맹점주들의 합작품으로 볼 수 있다.

프랜차이즈 계약 전 확인 사항

1) 정보공개서 확인

프랜차이즈를 선택할 때 꼭 자세히 검토해서 봐야 할 것이 바로 '정보 공개서'다. 정보공개서는 가맹 계약에 필요한 대부분의 정보가 기재되어 있는 핵심 문서다. 언제 가맹 본부가 사업을 시작했고, 연도별로 매장 수가 어떻게 늘어났으며, 가맹 계약의 갱신 및 해지 정보, 대표자는 누구며 법 위반 사실이 있는지 없는지 등등 가맹 계약에 필요한 브랜드의 핵심적인 정보가 담겨 있다. 법적으로도 정보 공개서는 가맹 계약을 하기 2주 전까지 반드시 예비 점주에게 제공하게 되어 있다. 문제는 초보 창업자들이 이 문서를 수박 겉핥기식으로 설렁설렁 보는 것이다. 정보 공개서는 프랜차이즈 계약 시 가장 중요하게 확인해야 한다.

2) 가맹점 관리 구체적으로 확인

다음으로 좋은 가맹점인지 확인하기 위해서는 직영 매장과 가맹 매장을 여러 곳 방문해 봐야 한다. 실제 운영 중인 가맹 점주들도 최소 3명 이상은 만나서 본사의 지원 시스템에 대한 이야기를 들어 보자. 본사 상담 때는 가맹점 관리를 구체적으로 어떻게 하는지 체크해 봐야 한다. 그리고 본부에 신메뉴 개발을 할 수 있는 메뉴 개발실 인력이나 R&D 센터가 있는지도 확인해 봐야 한다. 변화하는 시장 상황과 고객의 니즈에 대응하기 위해 본사 차원의 대응 역량을 갖췄는지 평가해 봐야 한다.

3) 운영시스템 확인

그 밖에도 회사 브랜드 운영 매뉴얼이 짜임새 있게 준비되어 있는지 확인해 보자. 요즘은 프랜차이즈 시장이 커지면서 운영 매뉴얼도 외부 대행업체를 통해서 만드는 경우가 있다. 직영점에서 직원들이 경험하고 검증한 브랜드 고유의 운영 시스템이 잘 정리가 되어 있는지 확인이 필요하다. 또한 식자재의 발주 배송 물류 시스템에 대해서도 사전 확인이 필요하다. 본사가 직접 창고와 물류 시스템을 갖고 있는지, 3자 외부 물류 대행업체를 사용하는지 확인해 보자. 보통 3자 물류 회사들도 일정 매장 수 이상 갖춘 업체들과 거래를 한다. 자체 물류를 쓴다면 배송이 제때 되고 있는지, 혹시 영업에 지장을 주고 있지는 않은지 체크해야 한다.

프랜차이즈 분석 7단계

①프랜차이즈 박람회 참여 ②프랜차이즈 본사 방문

③정보공개서 확인 ④직영점과 가맹점 방문

⑤본사 운영 매뉴얼 확인 ⑥물류시스템 직접 확인

⑦신제품 개발 연구 인력 등 조사

7강. 어디에 차릴 것인가

외식업계에서 좋은 입지는 식당 성공의 핵심 요소였다. 유동 인구가 많은 위치의 식당은 우연히 길을 지나가다 입점하는 고객 수도 꽤 많다. 이런 식당은 설사 내공이 좀 부족해도 기본 운영 매출을 확보하기가 좀 더 수월하다. 그동안 많은 외식 전문가들은 권리금을 좀 더 주더라도 목 좋은 1층 자리로 가는 것이 정석이라고 말해 왔다. 저렴해 보이지만 목 안 좋은 자리보다 결국은 더 유리하다고 조언했다. 특히 음식 가격대가 저렴한 매장의 경우 입지 중요성은 더욱 큰 것으로 알려져 있다. 국내 1위 베이커리 프랜차이즈 파리바게트 매장의 경우, 대부분 지하철 출입구 근처 역세권에 위치한다. 매장의 입지 강점을 잘 활용하는 사례로 본다.

식당의 좋은 입지는 그동안 외식 업계 성공 공식이었다. 하지만 입지 강점이 최근 많이 흔들리고 있다. 교통이 아무리 불편한 곳에 있는 식당이라도 열성 고객들은 찾아간다. 반대로 위치가 아무리 좋아도 실력 없는 식당들은 퇴출되기 쉽다. 이제는 상권보다는 음식 본질에 충실한 가게가 더 주목 받는다. 창업자들은 사업 초기부터 본질에 집중해 계속 성장할 수 있는 환경에 관심을 가져야 한다. 임대료 부담이 큰 곳에서는 사장이 음식 본질에 집중하기가 어렵다. 장기적으로도 전문점으로 성장하기 어려운 환경이다. 소규모 식당은 작은 영역에서라도 1등의 지위를 확보해 '목적 고객'을 계속 늘려가야 한다. 새로운 점포를 얻을 때에는 전임자가 왜 망했는지도 꼭 알아보고 계약하자.

A급 상권의 함정 : 임대료 싼 곳에서 시작하라

요즘 같은 시기에 특히 외식 사업 경험이 없는 식당 창업자라면 작게 시작해서 조금씩 키워 나가는 계획이 좀 더 바람직해 보인다. 최근에는 핵심 상권의 위치 좋은 도로변 가게들조차도 '임대' 딱지가 무수히 붙고 있으며 공실 수가 꽤나 늘고 있다. 경험도 자본도 부족한 초보 창업자라면 처음부터 역세권에서 장사를 시작하는 것만큼 위험한 일도 없다. 창살 없는 교도소에 스스로 들어가 안에서 문을 잠그는 꼴이다. 소위 A급 상권이라는 곳에서 본인의 재산과 심한 경우 가족의 돈까지 모아서 시작했는데 장사에 실패한다면 그 비참함이라는 것은 상상을 초월할 정도다.

임대료가 저렴한 곳에서 시작해야 한다. 손님이 줄을 서는 식당이라도 번화가에 위치한 식당은 급등하는 임대료를 버티지 못해서 접는 경우가 너무나 많다. 임대료가 비싸면 사장님이 고객과 음식에 집중하기가 어렵다. '어떻게 하면 가격을 올릴까? 어떻게 하면 손님이 눈치채지 못하게 메뉴의 재료 단가를 낮춰서 수익을 높이지?'라는 엉뚱한 생각을 하게 된다. 높은 임대료는 식당에서 파는 상품 가격과 손익에 큰 영향을 미친다. 물론 임대료가 저렴한 상권에서 원하는 수익을 내며 자리 잡기가 솔직히 쉬운 일은 아니다. 월세가 저렴한 만큼 인적은 드물다. 이런 상권에서는 인적이 드물고 어두운 곳을 빛으로, 밝은 에너지로 밝혀 주겠다는 생각이 필요하다.

특급 노하우

SNS를 최대한 활용하면서
식당 임대료가 싼 곳에 들어가야
한 가지 메뉴를 가지고
제대로 훈련하면서
맛을 완성해 갈 수 있다.

그 밖에도 작은 식당으로 시작하는 것이 유리한 점이 많다. 우선 장사가 생각보다 잘 안돼도 크게 손해 보지 않는다. 자기 주관대로 식당을 운영해 갈 수 있다. 특별히 새로운 메뉴를 계속 개발할 필요도 없다. 본인이 의도하지 않아도 전문 음식점으로 인식될 가능성이 높다. 식당 규모가 작아서 어쩔 수 없이 메뉴 하나로 시작할 수 있다. 메뉴 하나만 꾸준히 팔다 보면 제조 기술은 자연스럽게 늘고 손님들은 맛있다고 할 수 있다. 그러다 보면 다른 메뉴는 아예 취급하지 않고 한 우물을 파게 된다. 전문점으로 성장하는 것이다.

위치는 준비된 돈에 맞추는 게 아니다

창업은 준비된 돈에 맞춰서 하는 것이 아니다. 가능한 최소한의 돈에 맞춰야 한다. 보통 1억이 준비된 사람은 1억에 맞게, 10억이 준비된 사람은 10억에 맞게 준비한다. 잘못된 일이다. 1억이 준비된 사람은 5천만 원이 드는 배달 전문점을 잘 오픈하지 않는다. 반대로 본인이 가용할 수 있는 예산보다 훨씬 더 무리해서 가게를 여는 경우가 더 많다. 이것은 창업이 아니라 도박장에 들어가는 심리와 비슷한 일이다. 기본적인 자신감과 긍정적인 태도는 필요하지만, 창업 후에도 한동안은 장사가 잘 안될 수 있다고 생각하고 최소 6개월가량은 버틸 수 있을 정도의 규모로 시작해서 조금씩 성장하는 경험이 필요하다.

식당 운영을 업으로 삼겠다면 중장기적으로 봐야 한다. 일정 기간 훈련하고 공을 들이고 갈고 닦아 명품 식당으로 키워 나가겠다는 목표가 필요하다. 그렇게 하기 위해서는 입소문이 나기까지 시간이 좀 걸리더라도 '버텨 낼 수 있는 힘'이 꼭 필요하다. 한때 유명 맛집이 될 수 있는 조건 중 하나는 식당 사장님이 건물주여야 한다는 씁쓸한 농담이 있었다. 실제로 오랜 전통을 가진 이른바 노포 식당들은 강북에 주로 많다. 그것도 골목 뒤편 후미진 곳에 많다. 식당 임대료가 싼 곳에 들어가야 한 가지 음식을 가지고 오랜 기간 훈련하면서 맛을 완성해 갈 수 있다는 뜻이다. 물론, 아무 노력도 필살기도 없이 후미진 골목으로 들어가서는 안 된다. SNS를 최대한 활용하고 자기 가게만의 철학을 세워야 한다. 비행기가 이륙할 때는 수평 비행할 때보다 연료를 3배 이상 쓴다고 한다. 처음에 일정 단계에 이르기까지는 집중된 노력이 필요하다. 그러기 위해서는 시작이 가벼워야 손쉽게 오를 수가 있다. 창업자 중에 자금과 관련해서 처음에 필요 이상으로 대출을 많이 받아 점포를 얻는 경우가 많다. 창업할 때 스스로 꿈에 도취되는 경우도 있고 주변 응원도 많이 받는다. 이 과정에서 괜히 호기를 부리며 자기 씀씀이를 자랑하려는 경우도 있다. 낭비를 제거하는 것은 창업 시작 단계에서부터 사업이 끝날 때까지 계속 관리해야 할 부분이다. 경영의 중요한 영역 중 하나다.

약자 전략의 우수함

그렇게 작은 식당으로 시작해 소규모 부분에서 1등을 노리는 것이 효과적 전략이 될 수 있다. 영국의 항공공학자 란체스터는 제1차 세계 대전이 발발하자 전략 계산을 위한 수학 공식 두 가지를 발표했다. 그가 발표한 '란체스터 전략'은 이후 제2차 세계대전 당시 연합군이 전략을 세우고 최종 승리하는 데 큰 영향을 미쳤다고 한다. 이 란체스터 전략의 핵심 중 하나는 압도적인 힘의 우위를 가진 '강자 전략'과 힘이 부족한 '약자 전략'을 확실히 구분했다는 점이다. 기업의 측면에서 적용해 본다면 한 영역의 1등 기업과 2위 이하의 기업들이 취할 전략이 달라야 한다는 것이다. 작은 식당이 가져갈 전략은 당연히 집중과 시장 세분화로 구성된 '약자의 전략'이다.

작은 식당의 유리한 점

① 장사가 생각보다 잘 안돼도 크게 손해 보지 않는다.

② 사장님 주관대로 식당을 운영해 갈 수 있다.

③ 특별히 새로운 메뉴를 계속 개발할 필요도 없다.

④ 의도하지 않아도 '전문 음식점'으로 인식될 가능성이 높다.

⑤ 규모가 작으니 어쩔 수 없이 단일 메뉴로 시작할 수 있다.

⑥ 메뉴 하나만 꾸준히 팔다 보면 제조 기술은 자연히 늘어난다.

⇨ 결국 한 우물을 파게 되고, 전문점으로 성장할 수 있다.

우선 강자인 1등 기업들은 자신들이 판매하는 상품, 지역, 서비스,

고객층을 지속적으로 넓혀 나가는 전략을 구사한다. 반대로 2위 이하의 기업들은 '선택과 집중'을 통해 상품, 지역, 고객, 서비스 범위를 계속 좁혀나가야 한다는 것이다. 지역 단위를 예로 들면 구 단위 1등이 힘들다면 동 단위, 아니면 아파트 단지 내 1등이라도 노려야 한다. 상품 범위도 한식, 양식, 중식으로 나눠 보고 중식도 짜장면, 짬뽕, 탕수육 등으로 계속 세분화해 본다. 내가 어떤 영역에서 1위를 할 수 있을지 살펴봐야 한다. 약자의 전략은 강한 1위와 싸우지 않는 것, 대상을 세분화해서 이길 가능성이 높은 영역을 찾아 나가는 것이다.

입지가 덜 중요해지고 있는 시대

결국 핵심은 다시 고객이다. 궁극적으로 세분화된 목적의식을 가진 고객들이 스스로 찾아오게 해야 한다. 목이 좋은 곳에서 지나가는 손님 매출만으로는 장기적인 생존이 쉽지가 않다. 최근에는 입지의 중요성이 약화된 것이 분명한 사실이다. 교통이 불편한 오지에 있어도 상품 본질의 가치에 충실한 식당은 고객들이 무슨 수를 쓰더라도 방문하고 줄을 선다. 과거처럼 고객들이 아무 생각 없이 지나가다 식당에 들어가는 경우가 많이 줄었다. 다 사전에 검색하고 간다. 그래서 음식의 본질이 상권보다 훨씬 더 중요해졌다. 고객들은 갈수록 식당 메뉴 본질의 가치에 접근해서 돈을 내고 있으며 지리적 위치나 다른 부가사항은 덜 중요해지고 있다.

이전 장사하던 분은 왜 그만두었는지 파악하라

가게를 얻을 때 앞서 장사하시던 분이 왜 그 자리에서 그만두고 나갔는지는 꼭 알아보고 점포를 계약해야 한다. 식당 자리는 새로 지은 건물이 아닌 이상 다른 사람이 장사를 그만두고 나간 자리다. 전임자가 어떤 음식을 했고 왜 그만두었는지 원인에 대해서 스스로 분석해 볼 줄 알아야 한다. 동일한 자리에서 비슷한 수준의 음식 종류와 실력으로 간판만 바꿔서 오픈하는 것은 무모한 결정일 수 있다. 전에 식당이 망했다면 왜 망했는지 판단할 수 있어야 동일한 실패를 막을 수가 있다.

너무 과하면 안 된다

마지막으로 과유불급過猶不及. 너무 과해도 부족해도 안 된다. 좋은 상권이란 적절한 메뉴가 적절한 자리와 분위기에서 조화를 이룰 때 대박을 칠 수가 있다. 인테리어, 메뉴판, 간판, 음식 모두 마찬가지다. 최적의 입지라는 것은 업종의 특성과 아이디어에 따라 다를 수 있다. 최적의 입지란 따로 정해져 있지 않다. 너무 당연한 말 같지만 업종의 특성을 파악하고 그에 맞는 입지를 찾는 것이 중요하다. 모든 부분에서 적절함을 찾아봐야 한다.

가게 계약 전 확인할 것들

식당 오픈을 위한 지역과 입지를 확인했다면 이제 점포를 계약할 차

례다. 식당 창업에서 가장 큰 비용을 차지하는 것은 점포 관련 비용이다. 보통 보증금, 월세, 부동산 중개 수수료, 권리금 등이 해당한다. 우선 부동산 관련 비용이 고정 금액이라고 생각하지 말자. 모든 비용은 협상이 가능하다. 금액 협상을 두려워해서는 안 된다. 공실이 오래된 상가의 경우 월세를 협상할 수 있다. 월세 조정이 어렵다면 처음 몇 개월 월세를 무료로 요청할 수도 있다. 보통 건물주는 계약 시 조정 범위의 기준을 10% 내외로 갖는 경우가 많다. 주변 시세를 감안해서 최소 10%에서 최대 20%가량의 기준을 가지고 협상하면 결과가 좋을 수 있다.

초보 창업자가 분석하기 어려운 것은 권리금이다. 권리금은 기준이 없기 때문이다. 부동산 중개업자에 너무 기대하지도 말자. 보통 권리금에 중개업자의 수익이 포함되어 있는 경우도 많다. 권리금은 시설 권리금, 영업 권리금, 바닥 권리금이 있다. 시설 권리금은 매장을 방문해서 시설물을 하나씩 꼼꼼히 체크해 봐야 한다. 영업 권리금은 기존 매장을 그대로 인수할 경우 지급하는 비용이다. 신규 메뉴로 바꾸는 경우 영업 권리금은 없다고 생각하자. 바닥 권리금은 상권 입지가 반영된 금액인데 변수가 크다. 권리금 상한선을 정해 놓고 협상하는 것이 도움이 될 수 있다. 권리금 협상에서는 사전에 주변 시세와 점포 상황을 분석하는 것이 중요하다.

물론 근거 없이 무턱대고 깎아 달라고만 할 수는 없다. 주변 시세와 상가 환경을 사전에 철저하게 준비해서 건물주와 끝까지 협상해 보자. 계약 전에는 건물용도, 전기, 가스, 수도, 정화조 용량, 불법 건축물, 비상구와 창고 공간, 소방 시설까지 살펴볼 것이 너무 많다. 너무 조급한 마음으로 성급하게 계약하기보다는 따져 볼 것은 따져 보고 진행하자.

〈점포 계약 및 매장 공사를 실행하기 전에 반드시 체크할 7가지 포인트 〉

1. 건물 용도를 확인하자.

등기부 등본을 통해서 내가 계약하고자 하는 점포가 식당 용도에 맞는지 확인하자. 음식점은 근린생활시설에서 영업이 가능하다. 근린생활시설이란 주거지에 인접하여 주민 생활에 편의를 줄 수 있는 시설이다. 제1종 근린생활시설과 제2종 근린생활시설로 구분한다. 1종 근린생활시설은 병원, 동사무소, 소방서, 슈퍼마켓, 공중화장실, 목욕탕 등 주민 생활의 필수 시설을 말한다. 휴게 음식점, 제과점은 바닥면적의 합계가 300㎡ 미만인 곳이다. 제2종 근린생활시설은 1종보다는 큰 규모의 시설로 취미생활이나 편의 시설과 같은 곳이다. 헬스장, 테니스장, 당구장, 골프연습장 등이다. 부동산 중개업소, 출판사, 금융 업소도 해당한다. 일반 음식점, 휴게 음식점, 제과점은 바닥면적 합계가 300㎡ 이상인 곳을 포함한다.

2. 전기, 가스, 수도관 확인은 필수사항이다.

신축 건물은 보통 전기 용량이 충분하다. 하지만 건물이 오래된 경우 전기 용량이 부족한 경우도 있다. 계약 전 사전 전기 용량을 체크하고 한 여름 에어컨을 틀지 못하는 불상사는 미리 막아야 한다. 도시가스 예상 소비량도 장비 종류에 따라서 미리 정리해 놓을 필요가 있다. 외식업 운영에서 가스 사용량은 중요하다. 오래된 건물은 일반 가스통을 쓰는 곳이 아직 있다. 이런 경우 화력과 배관 문제를 미리 확인해야 한다. 음식 종류에 따라 화력이 매우 중요한 식당이 있다. 겨울에 수도관이 얼면 골치가 아프다. 구식 건물이라면 수도관이 외부에 노출되어 있는지 확인하자. 기존 세입자를 통해 겨울철 수도관 관리에 문제가 없었는지 확인해 놓자.

3. 정화조 용량도 체크해 봐야 한다.

한 건물의 정화조 용량은 정해져 있다. A라는 건물에 총 정화조 용량이 50인용인데,

기존 음식점들이 40인용을 사용하고 있고, 나도 20인용이 필요하다면 문제가 발생한다. 기존 음식점을 그대로 승계해서 영업을 한다면 정화조 용량을 체크할 필요는 없다. 하지만 새로운 음식점을 창업하는 경우 동종 사업자를 통해 필요한 정화조 용량이 얼마나 되는지 확인할 필요가 있다. 일반 음식점과 휴게 음식점은 필요한 정화조 용량이 다르다. 가장 손쉬운 방법은 인근 수도사업소에 건물 주소를 알려 주고 자신의 아이템으로 창업이 가능한지 확인하는 것이다. 그 건물에서 기존에 운영하고 있는 식당 정보를 같이 이야기해 주면 정확한 답변을 받을 수 있다.

4. 누수 확인 잘못하면 정말 고생한다.

주방이나 화장실, 홀에 물이 새는 곳은 없는지 확인하자. 위층에서 내려오는 물도 문제지만 내 매장에서 아래층으로 물이 흘러가는 것도 끔찍한 일이다. 오래된 상가 주방에서는 물이 새는 원인 파악이 어려운 경우도 많다. 공동 계량기를 사용한다면 더욱 어려워진다. 매장 주방 공사를 할 때는 수도 배관을 노출 배관으로 하면 좋다. 매장으로 물이 들어오는 배관에 밸브나 계량기를 설치하는 것도 하나의 방법이다. 비가 오는 날 방문해 보는 것이 좋다. 문제가 될 만한 곳을 메모해 놨다가 체크해 보자. 신규로 매장 공사를 맡길 업체에 미리 확인 요청하는 것도 좋은 방법이다. 물이 새는 것을 발견하면 계약 전에 건물주에게 보수 요청을 해야 한다.

5. 불법 건축이 있는지 확인하자.

계약하려는 건물 상가에 불법 건축이 있는지 확인해 보자. 구축 건물일수록 불법 건축이 있을 확률이 높다. 부동산 중개업자에게 건축물 관리대장을 요청하자. 관할 구청을 통해 직접 발급받아 도면과 실제 상가를 확인해 보는 것도 방법이다. 부동산 중개업자에게 미리 질문하고 확인해 놓자. 상가가 밀집되어 있는 상권이면 더욱 주의해야 한다. 초보 창업자들은 계약 이후 힘들어지는 상황이 많으니 불법 건축물이 있는 상가 계약은 주의하는 것이 좋겠다.

6. 비상구와 창고 공간도 확인하고 계약하자.

가게가 2층 이상이거나 지하라면 비상구가 필요하다. 규모가 있는 기업이 관리하는 건물인 경우 비상구 앞에 다른 어떤 물건도 적재하지 못하게 철저하게 관리한다. 하지만 대부분 중소형 건물은 비상구를 창고로 많이 사용한다. 고객들이 지나다니는 길을 막지 않는 범위에서 건물주 양해를 구해 적당히 사용하기도 한다. 이 부분은 계약 전에 건물주와 명확한 확인이 필요하다. 기존 세입자들과 불필요한 갈등 소지가 있을 수 있다. 내가 계약할 층의 상황과 비상구를 직접 걸어 보면서 상황을 확인해야 한다. 창고 공간은 업종을 불문하고 필수다. 내 매장 내 창고 공간이 여유 있다면 최상이겠다. 옥상이나 건물 복도, 공용 공간이나 별도 창고 공간 이용이 가능할지 확인해 보자.

7. 소방 시설도 확인해 보자.

신규 매장 오픈 시에 소방 관련 시설 준비는 개인이 진행하기 어려우니 대행업체에 맡기는 것도 방법이다. 스프링클러 설치, 소화기 배치, 방염재 사용, 소방 경보기 설치, 비상 안내도 제작 등이 주요 업무다. 매장 공사 전에 소방 시설 관련 사항을 미리 소방 대행업체와 확인해 놓는 것이 좋다. 미리 준비해 놓아야 매장 공사 이후 소방 관련 추가 보완 공사를 하는 일이 없다. 최소 3개 이상의 대행업체를 통해서 견적을 의뢰해 검토한 후 진행하자. 무조건 싼 곳이 좋은 곳은 아니다. 싼 곳과 계약했다가 이후 추가 요금을 요청하는 경우도 있다. 주요 내역별 금액을 잘 비교해 보자. 소방 시설은 관할 지역이나 매장 상황에 따라 변수가 있을 수 있다.

8강. 식당 이름 짓는 법

식당 이름은 우선 기억하기 쉽고, 발음하기 쉬우며, 가독성이 뛰어나야 한다. 지역과 메뉴를 연결하는 식당 작명 방법은 쉽지만, 또 강력한 방법이다. 외식업 브랜드는 유난히 창업자 자신의 이름을 걸고 하는 곳이 참 많다. 소비자의 신뢰를 확보하기에 용이하다. 하지만 창업자 신변에 이상이 생기거나 평판이 떨어질 경우 문제가 될 수 있다. 식당 이름과 함께 중요한 것은 식당의 간판이다. 초보 창업자라면 간판에 메뉴 이름을 상호보다 더 크게 보여 줘야 한다. 너무 난해하거나, 창업자 본인만 웃긴 식당명은 자제해야 한다. 두 개 단어를 결합하거나, 동음 반복 기법, 의성어, 의태어, 숫자를 활용한 기법, 제2외국어 사용, 중의적 표현 기법 등을 잘 활용한다면 식당 작명을 위한 발상 연습에 도움이 된다.

지역과 메뉴를 결합하는 방법

식당 이름을 만드는 가장 기초적인 방법은 지역과 메뉴를 결합하는 방식이다. '혜화동버거', '광화문 설렁탕', '하계동 생오리' 등과 같은 식당명이다. 이런 작명 방식은 요즘 같은 온라인 시대에도 여전히 강력한 효과를 가질 수 있다. 우리가 식당을 검색할 때 지역과 메뉴를 주요 키워드로 같이 검색하기 때문이다. 유명한 외식 프랜차이즈 가운데도 지역과 연관된 이름이 많다. '양평 해장국', '춘천 닭갈비', '남원 추어탕', '봉평 막국수' 등과 같은 브랜드는 특정 지역에서 유명해져 전국적으로 확산된 사례다. '하남 돼지집', '해운대 대구탕', '종로 빈대떡' 등 비교적 최근에 생긴 외식 브랜드나 식당도 이런 방식으로 만들어졌다.

창업자 이름과 추구하는 가치를 담는 방법

창업자 이름을 이용하거나 자신의 가치를 담은 단어와 메뉴를 조합하는 방법도 있다. '김명자 굴국밥', '사람 사는 고깃집 김일도', '빽다방' 등은 창업자의 이름을 이용해서 만든 식당명이다. 세계적인 외식 기업인 '맥도날드' 역시 미국 1호점을 운영했던 맥도날드 형제의 이름에서 따왔다. '놀부 부대찌개', '이삭 토스트', '고려 삼계탕', '이디야 커피' 등의 외식 브랜드는 본인이 표현하고 싶은 특징 있는 단어와 음식명을 조합해 만든 이름들이다. 초보 외식 창업자가 지켜야 할 식당 작명의 기본적인 원칙은 메뉴와 연관이 전혀 없는 식당 이름은 피해야 한다는 것이다. 식당 간판 역시도 메뉴와 강력한 연결성이 있어야 한다.

메뉴는 크고 상호는 작게 쓰는 방법

<u>오리요리</u> 금강산

<u>생선구이 전문점</u> 제주바다

<u>돈까스 우동 메밀 전문점</u> 동카츠

<u>수제마카롱&디저트</u> 마미카롱

<u>쌀국수전문점</u> 하노이

재미있는 이름의 역효과

고객을 웃기려고 만든 식당 이름도 본인에게만 재미있는 것이 아닌지 따져 봐야 한다. 식당 이름을 재미있게 지어서 고객의 기억에 오래 남게 하고 싶은 의도는 충분히 이해한다. 하지만 고객 입장에서 의미를 알 수 없는 식당 이름이 재미가 있기는 어렵다. 유명한 영화나 책 제목 등을 패러디하는 경우도 많지만 짝퉁 이미지를 줘서는 안 된다. 식당 이름은 기본적으로 간단명료하면서 철자와 발음이 쉽고 맛있는 느낌을 줄 수 있는 이름이 좋다. 너무 난해하거나 유행어를 사용하면 오히려 역효과가 날 수 있다.

이름을 짓는 여러가지 방법

1) 단어 결합

뭔가 좀 색다른 식당 이름을 짓고 싶다면 발상에 도움이 될 만한 몇 가지 기법을 소개한다. 우선 기본은 '단어 결합 기법'이다. 두 개의 단어를 결합해 하나의 이름을 만드는 방법이다. '셰프의 식탁', '미각 담다', '미학 상차림' 등이다. 결합 단어가 너무 길어지면 이해하기 어려울 수 있다. 문학 작품이나 신화 인물을 활용한 작명도 있다. 스타벅스 Starbucks라는 이름은 허먼 멜빌의 소설 '모비딕' 속 항해사 스타벅의 이름에서 개발된 것으로 알려져 있다. 박카스 Bacchus는 로마 신화 속 술의 신 이름이다.

2) 동음 반복이나 의성어, 의태어

동음 반복 기법이나 의성어, 의태어를 사용하는 예도 있다. '쿠우쿠우', '통통 돼지', '아따 맵쏘', '와와소머리탕', '지글지글 김치찌개', '촵촵' 등이다.

3) 집으로 끝나는 이름

식당 이름 가운데는 ~집으로 끝나거나 한자 집 옥屋을 끝에 쓰는 상호명이 사실 너무 많다. 배꼽집, 벽돌집, 버드나무집, 안성집, 진주집 등이다. 우레옥, 청진옥, 백년옥, 서관면옥 등 옥자 돌림 식당명도 끝이 없다.

4) 숫자로 특징을 담은 이름

숫자를 활용한 기법도 있다. '우동 24시', '베스킨라빈스31', '반포식스 Banpho 6' 등 많다. '키친485'는 나폴리식 피자를 485도의 화덕에서 굽는다는 특징을 알리기 위한 식당 이름이다. 무역센터 빌딩 52층에 있는 '탑클라우드52' 식당은 층수를 식당 이름에 담았다.

5) 외국어 사용

프렌치 레스토랑이나 일식 식당은 현지 외국어를 이용한 식당명이 많다. 성수동의 프렌치 레스토랑 렁팡스L'enfance는 우리말로 어린 시절을 뜻한다. 일산 프랑스 가정식 레스토랑 르플라Leplat는 한국어로 접시에 해당하는 상호명이다. 베이커리 브랜드 뚜레쥬르Tous Les Jours도 프랑스어로 매일이라는 뜻이다. 일본어를 직접 사용한 일식 식당은 차고 넘친다. 특히 스시 뒤에 붙은 어미는 끝이 없다.

6) 의인화

단어를 사람처럼 의인화해서 이름으로 만드는 기법도 있다. '미스터 피자Mr. Pizza'가 대표적인 경우며, '바르다 김선생', '덕후선생', '상하이춰 선생' 등 선생시리즈도 한때 유행이었다.

7) 이중 의미

하나의 단어가 두 개 이상의 의미로 해석될 수 있도록 표현하는 작명 기법은 고급 기술에 속한다. 고객들이 일반적으로 알고 있던 단어에 기발한 생각으로 재해석한 의미를 담을 수가 있다. 이런 경우 신선한 느낌과 창의적인 느낌을 전달해 식당명을 쉽게 기억할 수 있다. 수제 돈가스 전문점 '정돈Jengdon'의 이름은 어떠한가? 돈가스 주재료가 바른 돼지라는 느낌을 살리면서, 식당이 갖춰야 할 이미지까지 연상되게 한다. 잘 지은 이름이라고 생각한다. 우아한 형제들이 만든 '배달의민족'은 우리나라 상고 시대 이름에 배달 음식을 시켜 먹는다는 중의적 의미를 녹여 고객의 흥미를 유도했다.

8) 업종 특성을 살린 이름

카페 '투썸플레이스'도 꽤 잘 지은 이름이라고 생각한다. 홈페이지에서 볼 수 있지만 카페 투썸플레이스의 정식 영문 명칭은 'A TWOSOME PLACE'다. A한 명 + TWO둘이서 + SOME셋 이상 함께 모여 즐길 수 있는 공간이라는 뜻을 담고 있다. 영어를 그대로 읽으면 에이투썸플레이스라고 해야 하나, 한글로는 A를 빼고 '투썸플레이스', 편의상 줄여서 '투썸'이라고도 부르고 있다. 카페 브랜드의 고유한 특성을 잘 구현한 브랜드 이름이다.

식당 이름 짓기 원칙
1. 기억하기 쉽고,
2. 발음하기 쉽고,
3. 가독성이 뛰어나야 함

9강. 메뉴 수를 적게 가져가야 하는 이유

장사가 안되는 식당 가운데 메뉴가 두서없이 많은 곳이 있다. 길을 가다가 잘 모르는 한 백반 집에 들어갔다고 하자. 벽면에 한식 찌개뿐 아니라 칼국수에 돈가스도 팔고, 점심에는 냉면, 저녁에는 삼겹살도 판다고 써 붙인 메뉴판을 바라보면 어떤 기분이 들까? 요리사의 진짜 실력과는 별개로 손님은 그런 메뉴판을 본 순간부터 굉장히 불안한 마음에 휩싸인다. 메뉴의 전문성에 대해서 의심하게 되고, 먹기도 전부터 이 집은 맛집이 아닐 거라는 판단을 미리 내린다. 실제로 그런 집은 맛집이 아닐 가능성이 매우 높다.

사업의 기초는 단순함에 있다. 식당의 핵심 상품인 메뉴 수도 단순해야 한다. 그래야 사장도 일하기 편하고 고객들도 불안해하지 않는다.

메뉴 수가 적으면 여러모로 장점이 많다. 식당에서 음식을 조리하거나 고객에게 서비스하는 운영 측면에서 효율성이 높을 수밖에 없다. 핵심에 집중할 수 있다 보니 전문점의 길로 갈 확률이 높아진다. 고객의 머릿속에 인식되기도 쉽다. 메뉴 수를 줄이고 핵심 메뉴에 집중해서 직원들과 내가 편하고 손님들도 더욱 만족감을 느낄 수 있는 방향으로 가야 한다.

불안이 메뉴를 늘린다

고객의 마음과는 반대로 식당 주인들이 메뉴를 계속 늘리고 싶은 것 역시 불안감 때문이다. A라는 음식만 팔면 왠지 B음식을 좋아하는 손님을 놓치게 될 것 같다. 내 실력과는 상관없이 왠지 C음식, D음식을 팔면 새로운 고객이 창출될 것 같다. 또 지나가던 손님들이 무심코 던지는 "메뉴가 이것밖에 없나요? 다른 곳으로 가자" 이런 말을 들으면 상처를 받는다. 식당 주인 입장에서 메뉴를 줄인다는 것은 큰 결단과 고통이다. 식당 주인은 이런 유혹에서 벗어나야 한다. 메뉴 수로 내가 불안할 것인가? 손님을 불안하게 할 것인가?

오늘, 점심을 같이 먹는 직장 동료나 가족에게 물어보자. "메뉴 많은 식당이 좋아? 한 가지 메뉴를 잘하는 식당이 좋아?" 답은 정해져 있다. 본인 스스로 물어봐도 결과는 같을 것이다. 다만 뷔페 형태의 식당은 좀 다를 수 있다. 뷔페 고객들은 메뉴 가짓수에 가치를 느낀다는 조사가 있다. 하지만 일반 식당인 경우 고객들은 핵심 메뉴에 집중하는 곳에 끌리기 마련이다. 앞으로 식당들은 갈수록 더욱 메뉴가 전문화되면서 소형화될 것이다. 메뉴를 늘릴수록 손님이 늘 수 있다고 생각하는 것은 큰 착각이다.

메뉴가 많을수록 기억에 남지 않는 식당이 된다

고객들은 핵심 메뉴를 기반으로 식당을 기억하고 선택한다. 가산디지털단지나 광화문, 강남역 등과 같이 회사들이 밀집되어 식당 간 경쟁이 치열한 곳일수록 핵심 대표 메뉴가 중요하다. 여러 식당 가운데 회사원들은 A식당은 설렁탕을 잘하는 집, B식당은 콩나물국밥을 잘하는 집, C식당은 냉면을 잘하는 집 등으로 기억한다. 확실한 대표 메뉴가 없으면 회사원들의 머릿속에서 금방 사라진다. 먹고 싶은 메뉴를 생각할 때 고객은 그 메뉴의 1순위 음식점을 찾기 마련이다. 따라서 개인 식당들은 여러 가지 메뉴를 중구난방 늘어놓을 것이 아니라, 정말 잘하는 핵심 메뉴에 집중해야 한다.

메뉴가 적을수록 전문성이 커진다

식당 메뉴 수가 적을수록 운영 측면에서도 장점이 많다. 우선 음식을 조리하기가 상대적으로 쉽다. 적은 메뉴 수로 동일 메뉴를 반복해서 만들다 보면 조리 기술도 늘 수밖에 없다. 대표 메뉴에 대한 전문화가 가능하고 품질도 높아질 수밖에 없다. 식재료 관리 측면에서도 좀 더 효율적이다.

메뉴가 많으면 식재료 관리가 어렵다

메뉴가 많아질수록 관리해야 할 식재료 수는 많아지기 때문에 신선 도나 유통기한 관리 등에 영향을 미친다. 메뉴 수가 적으면 음식 제공 속도도 당연히 빨라진다. 식당 내에서 손님이 식사하는 시간이 짧아지 니 회전율도 높아질 수 있다. 여러 가지로 장점이 많다.

메뉴가 늘어나면 늘어날수록 직원들의 스트레스는 높아지기 마련 이다. 직원들의 숙련도도 떨어져, 메뉴 제공 속도도 떨어질 수밖에 없 다. 점심시간에 회사원 7명이 들어와서 각각 메뉴를 다르게 시킨다고 생각해 보면 이해가 쉽게 될 것이다. 메뉴 판매 예측의 정확도에 따라 서 식재료 폐기량이 늘어날 수 있다. 심지어 손님이 줄을 서서 한참 대 기 중이거나 기존 주문이 많이 밀려 있으면, 일부 식당에서는 조리하 기 어렵거나 조리 시간이 많이 걸리는 메뉴는 버젓이 판매를 중단하 는 경우도 많이 발생한다. 이런 경우에는 애초부터 그런 메뉴를 팔지 않는 것이 낫다. 고객 클레임만 발생한다.

핵심 메뉴만 제공하는 식당은 시간을 넓게 쓴다

한 가지 핵심 메뉴를 파는 인기 식당들은 시간을 넓게 쓴다. 점심시간이 항상 붐벼 대기 시간이 길기 때문에 고객들은 그 시간대를 피해서 오기도 한다. 조금 일찍 나오거나 점심이 지난 시간에 방문한다. 그 메뉴를 제대로 먹고 싶은 사람은 그렇게라도 해서 오는 것이다. 하지만 다양한 메뉴를 제공하는 식당의 경우 그게 쉽지가 않다. 점심 손님은 점심 손님으로 끝이 나는 경우가 많다. 식당을 운영하는 사람 입장에서도 다양한 음식을, 넓은 시간대에서, 일정한 품질 기준으로 제공하려면 그만큼 손이 많이 간다.

메뉴는 단 하나, 좌석은 12개
일본 '미래식당'의 성공 노하우

메뉴는 단 하나, 좌석은 12개인 일본의 작은 식당 '미래식당'이 업계의 주목을 받았다. 도쿄 공대 출신으로 IT 기업에 근무했던 고바야시 세

2장 외식업 창업 전 꼭 알아야 할 것

카이 씨가 도쿄 진보초에 개업한 정식집이다. 이 식당은 매일 바뀌는 정식 하나만을 내놓는다. 메뉴가 1개다 보니 주문받을 필요도 없다. 손님이 자리에 앉자마자 식사를 할 수 있다. 음식을 기다리지 않으니 손님의 식사 시간도 짧아진다. 점심시간 평균 4.5회전, 최고 7회전을 하는 등 매우 효율적인 식당으로 많은 언론에 소개되고 주목을 끌게 되었다.

'미래 식당'은 메뉴는 정식 하나뿐이지만 저녁부터는 '맞춤 반찬' 시스템을 통해서 고객 가치와 낭비제거를 실천하고 있다. 메뉴판 대신에 '냉장고 안에 있는 식재료 목록'을 제공한다. 맞춤 반찬을 주문하기 원하는 고객은 목록에서 재료를 고른다. 메뉴 형식으로 고객에게 제공하면 식재료가 하나만 떨어져도 나머지 재료를 쓰지 못하는 상황이 발생한다. '맞춤 반찬'은 냉장고에 있는 식재료를 활용하는 방식이라 폐기로 인한 손실을 줄일 수 있다. 고객 입장에서는 본인만의 요리를 만들어 준다는 가치를 느낄 수 있어 두 마리 토끼를 잡고 있는 셈이다.

다양한 메뉴를 원하는 고객은 포기하라

효율적인 사업 운영의 시작은 '단순화'다. 외식사업은 핵심 상품인 메뉴부터 단순해야 한다. 사업의 규모가 작을수록 사장이 편하고 유리한 방식으로 가야 한다. 고객의 선택권을 제한하고 다양한 상품을 원하는 고객을 버려야 한다. 손님들을 함부로 대해도 된다는 이야기가 아니다. 사장이 처음부터 고객들에게 끌려다니지 않고 주도적으로 사업을 전개할 수 있는 환경을 구축해야 한다는 뜻이다. 내가 자신 있게 준비할 수 있는 메뉴에만 집중하고 다른 걸 원하는 고객은 과감히 포기해야 한다.

고객은 메뉴가 단 하나라는 사실만으로도 '저 집은 저 메뉴 하나는 제대로 하는 집이구나'라고 생각한다. 내 업력과 의지와 상관없이 그 자체로 전문점으로 인식된다. 하나에 집중하고 몰입하고 노력하다 보면 자연스럽게 전문가의 길로 들어선다. 다른 사람 모두 파는 구색 메뉴를 늘어놓으면 옆집과 경쟁해야 한다. 경쟁은 사람을 피곤하게 만든다. 하나를 제대로 깊게 팔 때 놀라운 일이 일어난다. 지나가다 우연히 들어오는 고객이 아니라 멀리서 목적을 갖고 방문하는 고객을 만날 수 있다. 고객을 감동하게 하면 시키지 않아도 스스로 식당을 소문내고 다닌다. 이런 감동받은 고객과 교류할 수 있는 사장은 행복하게 된다.

말은 쉽지만, 메뉴 단순화가 식당 주인 입장에서 현실적으로 쉬운 결정은 아니다. 우리 주변에 그런 가게가 많지 않은 것을 보면 알 수 있다. 짜장면만 파는 집, 탕수육만 파는 집, 짬뽕만 파는 집은 그리 많지가 않다. 대단한 용기가 필요하다. 사실 여러 메뉴를 분별없이 늘어놓는다는 것은 하나의 메뉴에도 자신이 없어서 그럴 수가 있다. 자신이 없으니 남들이 다 하는 기본적인 구색을 갖추고 싶은 것이다. 바로 차별화 없이 그만그만해 보이는 식당 중 하나가 되고 만다. 남들과 경쟁하지 않고 하나에 집중해서 장인의 길로 가야 한다. 그리고 다소 비싸게 팔아야 한다.

백 퍼센트 망하는 식당의 실패 전략

식당이 망하는 하나의 공식이 있다. 매출을 늘려 보겠다고 안 하던 메뉴를 늘린다. 처음에는 한두 개 메뉴가 전부였는데, 하나둘씩 늘리다가 열 몇 개까지 늘어난다. 특선 메뉴도 벽에 더덕더덕 붙이게 된다. 그러고도 매출이 나아지지 않으면 할인에 들어간다. 고정으로 내리기는 아까우니 이벤트성으로 한시 할인을 한다. 잠깐 손님이 늘다가 더 늘지 않는다. 가격이 원상 복귀되면 더 장사가 안되는 나락으로 빠진다. 할인은 양날의 검이다. 사람 심리가 무조건 싸다고 좋아하지도 않는다. 찜찜하게 생각할 수도 있는 것이 변화무쌍한 사람 마음이다. 매출이 안 나온다고 메뉴를 늘리고, 가격을 할인하는 방법으로 가지는 말자.

10강. 메뉴 가격을 결정하는 기본 원리

　가격을 설정하는 핵심은 고객 가치에 있다. 고객이 지불하는 가격 이상을 누렸다고 느끼게 만든다면 반드시 이기는 경기다. 처음에는 원가나 마진을 따지기보다 내 식당이 어떤 가치를 고객에게 줄 수 있는지를 먼저 고민해 보자. 본질적인 가치에 대한 고민 없이 가격을 낮춰서 고객을 유인하겠다는 접근은 결국 본인의 발등을 찍는 일이다. 반대로 내가 조금 더 받고 다른 것들을 더 주겠다는 접근이 필요하다. 업종에 따라 차이는 있겠지만 음식점에서 가장 손쉬운 방법은 양을 더 주는 것이다. 식당의 분위기와 친절한 서비스 등은 이후 문제다. 남들보다 좀 더 받고 좀 더 주는 방법을 만들어 보자.

가격보다 높아야 할 것은 가치다

메뉴 가격을 결정하는 기본 원칙은 다음과 같다. 원가보다 가격이 높아야 하고, 가격보다 높아야 할 것은 가치다. 부등식으로 표현하면 이렇다. 원가〈가격〈가치. 외식사업뿐 아니라 모든 비즈니스의 기본 공식이다. 이 식의 방향이 틀어지면 어떤 식당도 지속적인 생존이 어렵다. 상대적으로 원가와 가격 비교는 쉽다. 둘 다 사장이 결정할 수 있기 때문이다. 문제는 가치에 있다. 가치는 손님이 평가하기 때문에 대단히 주관적이다. 개개인의 주머니 사정이나 음식에 대한 경험치, 취향, 심지어 그날 본인 기분 등도 가치 판단에 영향을 미친다.

원가 〈 가격 〈 가치

식당 사장님이 이 변수들을 고려해 모든 고객을 만족시키지는 못한다. 대중적이며 평균치에 해당하는 80% 고객을 대상으로 가격 대비 만족도를 느끼게 한다면 성공이다. 저 식당에 먹으러 가는 것이 내가 이득을 본다는 느낌이 들게 하면 식당은 자연스럽게 성장이 가능하다. 처음부터 원가를 너무 따지는 것은 적합하지 않다. 본인 식당이 손님에게 어떤 가치를 주는지, 가격 대비 만족할 수 있는 음식과 서비스를 제공하는지를 먼저 생각해 봐야 한다. 원가 대비 가격이 합당한지를 따져 보는 것은 그 이후다. 가장 중요한 것은 고객 가치다.

고객 가치를 높일 수 있는 방법을 아주 단순화해서 말하자면 크게 두 가지다. 가격을 낮추는 방법과 원가를 높여 무엇을 더 드리는 방법이다. 첫 번째 접근이 가격을 싸게 하는 대신 많이 파는 박리다매 전략에 가깝다면, 두 번째 접근은 프리미엄 전략이다. 물론 그 중간에 합리적 가격으로 중간 이상의 품질을 파는 제품군들도 많이 있다. 하지만 갈수록 시장에서는 이런 제품군을 찾기가 쉽지 않을 것이다. 경제 양극화가 심화될수록 초저가와 초고가 제품으로 시장이 양분될 것이라는 전망이 이를 뒷받침해 준다. 외식업 상황도 크게 다르지 않을 것으로 예상한다.

회전율 높이기 전략

과거에 외식업계에서는 싸게 많이 팔아 회전율을 극대화하는 박리다매 전략이 공식 아닌 공식처럼 전해 내려왔다. 장사가 잘되면 테이블도 2인석 혹은 1인석으로 다닥다닥 늘어놓고, 메뉴 제공 속도를 빠르게 높여 시간당 판매 효율을 극대화하는 것이다. 햄버거를 주 메뉴로 파는 QSRQuick Service Restaurant 외식 브랜드들은 여전히 생산 운영 효율에 목숨을 건다. 문제는 이런 전략은 대형 외식 프랜차이즈에서나 효율을 극대화하기에 적합한 방법이라는 것이다. 소규모 식당 사장님이 펼치기에는 여러 가지로 어려움이 많다.

왜냐하면 박리다매 전략의 기본은 남들보다 저렴한 가격에 있다. 대기업이 운영하는 외식 브랜드는 구매 규모가 커서 처음부터 식재료를 저렴하게 살 수 있는 능력이라도 있다. 안정적인 자금으로 장기간 버틸 수 있는 능력도 있다. 생산 효율을 높일 수 있는 고가의 기계 장비나 시스템도 갖추고 있다. 하지만 개인 외식 사장님들이 매년 급등하는 인건비, 임대료, 식재료비를 적절하게 통제할 수 있을까? 가격을 한번 내리기는 쉬워도 올리기는 어렵다. 식당 원가는 계속 급등하고 있다. 음식을 남들보다 싸게 팔면서 고객 가치를 키워 보겠다는 접근은 갈수록 쉽지 않을 것이다.

프리미엄 전략

결국 소규모 식당은 시간이 걸리더라도 프리미엄 전략으로 접근해야 한다. 남들보다 가격을 좀 더 받고, 대신 더 주겠다고 생각해야 한다. 가격을 남들보다 싸게 받고 남들보다 더 많은 것을 줄 수 있는 묘책은 없다. 내 몸만 상하고 인건비만 깎아 먹는 일이다. 많이 팔아도 남는 게 없다. 돈을 더 받고 남들보다 음식량을 넉넉히 주거나, 식재료 등급을 높이거나, 서비스나 반찬 수를 늘려 가면서 고객 가치를 계속 키우는 방향으로 접근해야 한다. 식당 실력을 쌓아 갈수록 프리미엄 가치를 주고 손님들이 기꺼이 돈을 더 낼 수 있는 구조를 만들어 가는 방향으로 가야 한다. 앞으로 개인 식당은 전문가, 장인의 길로 가지 않고서는 살아남기가 갈수록 어려워질 것이다.

손님 미어터지는 그 집 회덮밥의 비밀

『맛창식당, 이유 있는 성공의 비밀』의 저자인 이경태 님은 회덮밥의 예를 들고 있다. 회덮밥의 시장 평균 판매가가 8천 원이라고 하자. 당신은 1만 원 정도 받으라는 것이다. 대신 더 받는 2천 원을 온전히 원가에 투여해서 차별화하라는 것이다. 무슨 말이냐. 8천 원짜리 회덮밥 한 그릇의 식재료 원가가 대략 3천 원가량 된다고 치자. 생선 원가가 2천 원, 채소와 반찬, 밥까지 하면 1천 원가량 될 것이다. 여기서 남들보다 더 받는 2천원을 전부 생선회로 고객에게 돌려줘 보라는 것이다. 영희는 8천 원으로 2천 원어치 회가 들어간 회덮밥을 먹었다. 철수는 1만 원으로 4천 원어치 회가 들어간 회덮밥을 먹었다. 누가 더 만족할 것인가?

장인의 길이라고 처음부터 너무 거창하게 생각할 것은 없다. 우선 처음에는 가격을 올려 받은 만큼은 그대로 고객에게 돌려줘 보겠다고 간단하게 생각해 보자. 이런 방법이 소규모 식당에 효과적일 수 있는 이유는 기업의 프랜차이즈 식당은 따라 하기 어려운 방식이기 때문이다. 기업들은 수익 구조상 목표 식자재 원가율이라는 것이 있다. 업종마다 차이는 있겠지만 원가율을 30% 초반에서 35%를 넘어서지 않는 것을 철칙으로 한다. 메뉴가 잘 팔리든 안 팔리든 간에 기업은 기본적으로 이 구조를 맞춰야 한다. 반대로 소규모 식당 사장님들은 원가율에 대해서 유동적으로 관리가 가능하다. 회덮밥 품질이 다 고만고만한

2장 외식업 창업 전 꼭 알아야 할 것

이유는 대부분 채소 덮밥이라 그렇다. 회를 많이 주면 많이 팔린다. 8천 원 회덮밥을 하루에 10개 파는 것과 1만 원 회덮밥을 하루에 30개 파는 것, 주인 입장에서 어떤 것이 이익일까?

물론 한 그릇당 마진은 동일하다. 8천 원에 팔아도 5천 원이 남고 1만 원에 팔아도 5천 원 남는다. 하지만 식당 사장이 손해는 아니다. 무조건 많이 파는 것이 최고다. 식당 초기라면 더더욱 손님 수가 중요하지 마진이 중요하지 않다. 게다가 "여기 회 양이 많다고 소문 듣고 왔어요" 손님이 이렇게 한두 마디 던지게 되면 사장님이 동기 유발도 되고 자부심도 생기게 된다. 자연스럽게 다른 식당과 차별화가 되는 것이다. 업종에 따라 차이는 있겠지만 식당 고객들의 1차 목적이 허기를 해결하는 것이기 때문에 양만 넉넉히 줘도 절반 이상 먹고 들어간다. 다른 많은 음식 메뉴에도 이 원리는 동일하게 적용이 가능하다.

말하기는 쉽고 간단한 방법처럼 보이지만 실천하기는 사실 쉽지 않다. 사장 개인의 욕심 때문이다. 더 받은 금액을 본인이 갖고 싶어 한다. 양도 남들보다 더 주기는 싫은 것이다. 그런 마음으로는 식당을 성공하기가 어렵다. 식당은 고객이 매장에 들어왔다가 다시 나가는 경우가 극히 드물다. 손님이 식당에 입점하기가 어렵지 발을 들여놓으면 사장은 사실 잡은 물고기로 생각한다. 또한 대부분 식당 손님은 양이 적거나 가격이 비싸도 군말 없이 먹고 나간다. 물론 맘에 안 들면 다시는 안 오겠지만 말이다. 음식에서 이물질 같은 것이 나오지 않는 이상 면

전에서 클레임을 제기하는 경우도 별로 없다.

많이 팔려고 싸게 만드는 것은 절대 안 된다

혹시 메뉴 가격이 높아서 고객 수가 줄어드는 것을 걱정할 수 있겠다. 다시 강조하지만, 팔리게 하려고 가격을 싸게 매겨서는 절대 안 된다. 본말이 전도된 것이다. 가격을 싸게 해서는 식재료를 남들보다 더 가치 있게 제공해 주기가 어렵다. 음식의 재료가 부실하면 손님은 아무리 싸게 먹어도 다시 방문하지 않는다. 오히려 너무 싸거나 할인을 크게 하면 반대로 이상한 의심을 하는 사람도 있다. 판매 가격을 시중 가격 대비 터무니없이 높게 받으라는 것도 아니다. 어떤 분야든 마찬가지지만 적절함이 중요하다. 한 끼 식사를 하는 데 1~2천 원 더 받는다고 고객들의 저항이 그리 크지는 않다.

11강. 메뉴 개발

　대기업 외식 브랜드에서 신메뉴를 개발하는 방식이 많이 바뀌었다. 과거에는 신메뉴를 개발하는 업무는 대부분 메뉴 개발자 개인의 경험과 지식에 주로 의존했다. 그래서 한때 대형 외식기업에서는 해외 유명 요리 학교 출신의 요리사들을 모셔 오기 위해 애쓰던 시절도 있었다. 하지만 요즘 분위기는 많이 달라진 것 같다. 이제 외식 기업에서는 새로운 메뉴를 개발할 때 요리사의 머릿속이 아닌 고객을 탐색하는 것에서 시작한다. 먼저 요즘 SNS에서 뜨고 있는 메뉴를 빅데이터로 확인한다. 트렌드를 확인하고 신메뉴 개발을 위한 팀을 구성한다. 메뉴 개발의 첫 단계에서부터 개발자뿐 아니라, 상품 기획자와 식품 구매자 등이 뜨는 식당에 같이 가서 메뉴를 먹고 쌍방향으로 정보를 교환하고 연구한다.

새로운 메뉴 개발은 고객에게서 시작한다. 너무 욕심부리지 말고 쉽게 먹을 수 있는 기존의 일반 메뉴를 살짝 변형하는 것에서 시작해야 한다. 기존의 좋아하는 메뉴에서 아쉬운 점을 개선하는 접근이 좋다. 메뉴 개발은 사장, 직원, 손님의 입장을 두루 고려해야 한다. 우선 고객 입장에서 시작하지만 직원이 만들기 너무 어렵고 일손 많이 가는 메뉴는 별로다. 손님은 좋아하는데, 일손은 적게 들어가고, 수익은 많이 남는 메뉴가 최고겠다. 쉽지는 않다. 식당 음식은 양념을 넉넉하게, 간을 강하게 할 필요가 있다. 매운 것은 맵게 단 것은 달게 만들어야 한다. 요리에 자신이 없다면 '전수 창업'도 방법이다. 마지막으로 메뉴 이름을 잘 지어야 한다.

신메뉴 개발은 고객으로부터 시작

소형 개인 식당에서는 이런 협업을 통한 메뉴 개발 모델을 적용하기가 솔직히 어렵다. 하지만 중요한 것은 식당의 규모에 상관없이 신메뉴 개발은 고객으로부터 시작되어야 한다는 점이다. 또한 성공적인 메뉴는 대부분 직원들과의 원활한 소통에서 이뤄진다. 사장, 요리사, 일하는 직원, 손님 모두 신메뉴를 바라보는 입장이 각각 다르다. 메뉴 개발 시에 이런 여러 가지 측면을 다각적으로 고려해야 한다. 개발 시작은 고객 입장에서 하고, 메뉴를 구체화하는 단계에서는 직원들이 조리하고 서빙하기 편하게, 사장 입장에서 식재료를 구하기 쉬운지, 이익이나 비용 측면도 고려하는 방식으로 수정해 간다. 마지막에는 다시 고객 입장에서 메뉴의 가치와 매력을 붙이는 작업이 필요하다.

무에서 유를 창조하지 말라

메뉴를 개발할 때 기존 음식을 살짝 변형하는 방식으로 접근하는 것이 좋다. 음식은 너무 앞서가면 실패한다. 너무 혁신적인 메뉴에 집착해서 '무無'에서 '유有'를 창조하려는 분들이 있다. 너무 멀리 가려다 보면 실패할 확률이 높다. 고객이 처음 메뉴를 보고 "이게 무슨 음식이지?"라고 하면 안 된다. 딱 보면 알 수 있는 쉬운 메뉴이면서 고객이 자주 먹는 음식이 좋다. "여기 비빔밥은 조금 색다르네"라는 반응이 차라리 좋다. 메뉴를 개발할 때 내가 좋아하고 잘하는 메뉴를 선택해야 실패가 적다. 평소 좋아하는 메뉴에서 불만 사항을 개선하는 것이 가장 손쉽고 빠른 방법이다. 세상에 없는 깜짝 놀랄 메뉴를 개발해 세상을 놀라게 하겠다는 생각은 접어 두자.

메뉴를 손님에게 가르치려 하지 말라

내가 아니라 고객 중심으로 눈높이를 맞추자. 내가 개발하고 싶은 메뉴를 손님에게 이해시키려거나 가르치려고 해서는 안 된다. 손님 관점에서 "왜 이런 건 없지?", "난 이 음식은 이렇게 해서 먹고 싶은데, 왜 이렇게 안 주지?"라고 접근해야 한다. 내가 손님 입장이 되어 생각하고 메뉴를 개발해야 답이 나온다. 훌륭한 요리사가 뛰어난 요리 기술과 이론으로 예쁘게 메뉴를 만드는 것과, 그 메뉴를 손님이 좋아하는 것은 전혀 다른 이야기다. 잘 만든 메뉴라고 생각했는데 고객의 반응이 처참한 경우도 워낙 많다. 고객을 관찰하고, 고객에게 물어보고, 고객에게 원하는 것을 맞추기 위해서 늘 연구하면서 메뉴를 개발해야 한다.

전체적인 메뉴의 큰 그림이 그려졌다면, 메뉴 양을 늘려 가면서 많이 만들어 봐야 한다. 고객들은 요리하는 사장을 좋아한다. 너무 당연한 이야기지만 사장이 메뉴를 직접 만들 줄 알아야 한다. 고객들은 요리를 잘하는 전문 주방장보다는 좀 서툴더라도 고객을 사랑하는 사장의 요리 솜씨를 더 좋아한다. 사장이 핵심 메뉴에 대해서 잘 알고 만들 줄 알아야 한다. 새로운 메뉴를 개발했다면 1인분에서부터, 2인분, 3인분, 10인분으로 늘려 가면서 만드는 훈련을 해야 한다. 바쁜 시간에, 고객들이 한꺼번에 몰려와도 일정한 맛을 내는 메뉴를 뽑아낼 수 있어야 한다. 연습과 숙달을 통해서 맛의 표준화가 이뤄져야 늘 변함없는 맛에 고객들도 만족하고 식당 운영도 수월해진다.

맛의 표준화

메뉴 개발에 있어서 맛의 표준화는 정말 중요하다. 식당이 일정한 맛을 계속 내지 못하면 망한다. 전 직장에서 새로 론칭한 '카페루고'라는 로스터리 카페 브랜드의 기획 업무를 담당한 적이 있다. 2010년 무렵의 카페 시장에서는 직접 매장에서 커피 생두를 볶고 커피를 만들어 주는 로스터리 카페가 대유행이었다. 1999년 스타벅스가 이화여대 1호점을 필두로 원두커피 시장에 개벽 천지 시대의 신호탄을 쐈다면, 2009년 매일유업에서는 강남 신세계 백화점 지하에 폴바셋이라는 로스터리 카페를 처음 론칭했다. 결론부터 이야기하자면 대기업에서 로스터리 카페를 프랜차이즈로 만들기 위한 시도는 실패로 돌아갔다. 매장마다 직접 생두를 볶는 시스템으로는 다점포 매장에서 커피 맛의 표준화를 잡기가 어려웠기 때문이다.

식당 음식은 싱거우면 안 된다

메뉴 개발 시에 다소 과감하고 넉넉한 양념 사용이 필요하다. 이것이 집밥과 식당 음식의 가장 큰 차이점이다. 식당 음식은 싱거우면 안 된다. 싱거우면 맛이 없다고 느껴진다. "이 식당은 싱거워서 정말 담백하고 맛있네요" 이런 말은 없다. "이 식당은 정말 맵지만 맛있다" 이런 말은 가능하다. 일부 급식이나 대형 조리 식당에서 간을 제대로 안 하는 경우가 있다. 소금과 간장을 따로 놓고 간을 알아서 맞춰 먹으라는 것이다. 밍밍한 음식은 클레임을 상대적으로 적게 받기 때문이다. 그만큼 맛집이 될 가능성도 적다. 메뉴에 양념이 부족하면 전체적으로 맛이 없다고 느껴진다. 소금 간을 말하는 것이 아니라 전체적인 양념 양을 말하는 것이다.

매운 음식은 맵게, 달아야 하는 음식은 달게, 새콤한 음식은 신맛이 나게 만들어야 한다. 덜 자극적인 음식이 건강에 좀 더 좋다고는 한다. 집에서는 가능한 한 싱겁게 먹는 것이 좋을 것이다. 하지만 식당 음식은 다르다. 고객들이 "저 집은 양념이 너무 강해 건강을 해칠 수 있으니 우리 좀 더 싱거운 식당으로 가자" 이런 말을 하지는 않는다. "저 식당은 양념을 적게 넣는 건강한 집이니 저 집으로 가자" 이렇게 식당을 고르지 않는다. 식당 음식은 양념을 충분히 넣어 상대적으로 강한 맛을 내야 한다. 음식은 간이 중요하다.

전용소스 개발

한 걸음 더 나가서 장기적으로 자기 식당만의 전용소스 개발을 고민해 볼 필요가 있다. 널리 알려진 노포는 대부분 자기 식당만의 전용소스가 있다. 자신들의 대표 메뉴와 어울리는 소스를 오랫동안 연구해 왔다. 식당의 업종과 메뉴에 따라 선명하고 강한 맛을 내는 소스를 주로 사용하는 식당도 있고, 장기간 숙성한 재료들을 이용해 은근한 매력을 느낄 수 있는 소스를 제공하는 식당도 있다. 동일한 재료를 이용해 메뉴를 만들지만, 소스만 조금 달라도 전혀 다른 맛을 낸다. 맛있는 소스 하나가 전체 메뉴의 만족도를 바꾼다. 가벼운 반찬, 샐러드소스라도 변화의 포인트를 주면 느낌이 새롭다.

본인이 메뉴를 스스로 개발할 역량이 부족하다면 '전수 창업'도 하나의 방법이다. 간단히 말하면 검증된 레시피를 돈 주고 사는 것이다. 본인이 요리를 웬만큼 하는 사람이더라도, 검증된 레시피를 구매해서 식당을 하는 경우는 꽤 많다. 성공한 레시피를 사는 것이 내가 겪을 시행착오 시간을 줄이고 투자금액도 오히려 절약하는 것일 수 있어서 과도하게 거부감을 가질 필요는 없다. 레시피만 구매할 수도 있고, 레시피를 구매한 뒤에 일정 기간 교육을 받을 수도 있다. 아니면 레시피를 전수받고 급여 대신 일하는 방법도 있다. 아니면 비용도 지불하고 일도 하는 형태도 있다. 단순히 조리법을 일회성으로 사는 것보다 처음 식당을 창업하는 사람에게는 식당에서 일하면서 식재료 관리, 고객 및 직원 관리 등 전반적인 식당 운영의 기술을 사장님에게 도제식으로 배우는 것이 장기적으로는 도움이 될 수도 있다.

하지만 요즘 들어서는 메뉴의 레시피가 많이 노출되었다. 식당에서 특별한 조리 기술이 필요하지 않은 완제품 형태의 가공식품도 수준이 많이 올라와 업종에 따라 다르지만 전문 기술이 크게 필요하지 않을 수도 있다. 과거에는 냉면이나 설렁탕 같은 메뉴는 전문 기술자가 만들 수 있는 음식이라고 생각했지만, 이제는 그렇지 않다. 좋은 품질의 메뉴를 만들 수 있는 효율적인 기계들도 많아졌다. 이를 활용한 프랜차이즈들도 많아졌다. 사실 프랜차이즈 계약이라는 것이 식당 운영 시스템과 레시피를 돈 주고 사는 것이나 다름없다. 꼭 자신이 메뉴를 다 개발할 필요는 없다. 자신의 상황에 맞게 판단하자.

메뉴 이름 짓기

마지막으로 새로운 메뉴 개발을 다 했다면 메뉴 이름을 잘 지어야 한다. 앞에서 이야기한 식당이름도 중요하지만 요즘은 메뉴이름도 신경써야 한다. 메뉴 이름만 바꿔도 매출이 달라질 수 있다. 김현수 저자의 『줄 서서 먹는 식당의 비밀』이라는 책에서 나온 예시를 소개한다. '된장국'보다는 '토장국'으로 지은 메뉴 이름이 좀 더 정겹지 않은가? 충무로의 한 청국장집에서는 기존 청국장 메뉴에 '시골'이라는 글자를 붙이고 천 원을 더 받는다고 한다. '불고기'는 '옛날 불고기'로, 떡갈비는 '흑돼지 떡갈비'로, 갈비탕은 '왕 갈비탕'으로 바꾸면 어떠한가? '한우 설렁탕'이나 '한우 뚝배기 불고기'와 같이 '한우'를 메뉴에 붙여서 홍보하면 차별화 포인트가 분명 될 것이다. 물론 고기는 한우로 써야겠다. 중식 메뉴에서 삼선이나 유니를 앞에 붙이면 가격 저항이 좀 덜한 경향이 있다.

여의도의 한 카페에서 아메리카노를 코리아노로 파는 것을 보고 꽤 신선하다고 생각했다. 사장님의 커피 철학이 묻어난 네이밍이었다. 관광지에서는 메뉴 이름을 장소나 지역을 내세워 짓는 경우에 효과가 크다. 제주도 월정리 앞 카페에는 '월정블루레몬에이드'가 있다. 디저트 가게에서는 감성적인 메뉴 이름으로 여성 고객들에게 다가간다. 케이크 전문점 고마워 케이크는 '소중해 케이크', '기분 좋아 케이크', '애틋해 케이크' 같은 이름으로 판매한다. 디저트의 연관 검색어는 '스트레스'가 높은 빈도로 나온다고 한다. 케이크로 위로받고 싶은 여성 고객들의 심리를 간파한 네이밍이다. 가로수길 샐러드 전문점 '베드파머스'는 '늦지 않아', '미안하다 내 몸아'와 같이 다이어트 관련된 표현으로 주스 이름을 만들었다.

된장국 ⇨ 토장국

청국장 ⇨ 시골 청국장

불고기 ⇨ 옛날 불고기

떡갈비 ⇨ 흑돼지 떡갈비

갈비탕 ⇨ 왕갈비탕

설렁탕 ⇨ 한우설렁탕

짜장면 ⇨ 삼선짜장, 유니짜장면

아메리카노 ⇨ 코리아노

카페라떼 ⇨ 부산라떼

딸기라떼 ⇨ 우유에 놀러 간 딸기, 딸기의 유혹

12강. 직원 관리

　장사와 경영의 차이는 '내가 혼자 열심히 일해서 돈을 버느냐 남이 돈을 벌어다 주느냐'다. 경영이란 남을 통해 성과를 거두는 것이라고 경영학계의 구루, 피터드러커는 말했다. 만약 본인 꿈이 식당 한 개만 잘 운영하는 것이라면 사실 본인만 열심히 하면 된다. 직원을 성장시키는 데 특별히 에너지를 크게 쓸 필요도 없다. 하지만 만약 내 식당을 프랜차이즈로 확산시킬 꿈을 갖고 있다면 이야기는 다르다. 최소한 매장을 몇 개라도 더 늘리고 싶다면 직원을 성장시켜야 한다. 인재 경영이 꼭 필요하다.

　외식사업은 사람을 키우고 사람을 섬기는 산업이다. 그 어떤 산업보다 사람의 중요성이 크다. 고객을 직접 대면하고 만족시키는 일이기 때문이다. 고객을 가장 많이 접하는 사람은 직원들이다. 직원들은 힘든 육체노동뿐 아니라 사람을 상대하면서 겪게 되는 감정노동까지 경험한다. 식당 사장은 같이 일하는 직원들이 열심히 오래 일할 수 있는 근무 환경을 마련해 줘야 한다.

특히 가게 영업 시작 전 아침에 식당 사장이 직원들의 기분을 좋게 만들어 주는 것은 의무 사항이다. 아침에 출근했는데 사장님이 인상을 쓰고 있으면 어떻게 될까? 직원들의 감정에 영향을 미쳐 그날 손님에게 좋은 서비스를 제공하기 쉽지 않다. 사장은 직원들이 즐겁게 일할 수 있도록 항상 세심하게 신경을 써야 한다. 식당의 좋은 기운과 분위기는 손님들에게 그대로 전달된다. 사람을 돈으로 고용할 수는 있지만 사람의 마음까지 돈으로 살 수는 없다. 열정, 헌신, 솔선수범 같은 것들 말이다. 직원들을 잘 교육해 성장시키고, 스스로 일을 찾아서 하도록 하고, 오래 같이 근무하게 할 수 있는 것이야말로 식당 성공의 중요한 요소다.

직원 교육의 핵심

직원 교육의 핵심은 사장의 솔선수범에 있다. "시간 있을 때 에어컨 청소 좀 해라"라고 말하기보다 직접 걸레를 잡고 닦으면서 설명한다. 직접 몸으로 보이면서 설명해야 효과가 높다. 사장과 직원 관계는 연인과도 같아 밀당이 필요하다. 어느 정도 거리를 두고 서로 밀고 당기는 것이다. 내가 모든 일을 다 하려고 하면 직원이 할 일이 없다. 반대로 모든 일을 직원에게 맡겨 버리면 문제가 터지기 쉽다. 직원에게 지시만 하는 것이 아니라 주도적으로 움직일 수 있도록 만들어 주는 것이 가장 고수의 방법이다.

서비스 교육도 마찬가지다. 손님이 부르기도 전에 사장이 먼저 달려가서 필요한 것을 채워 주는 식당이 있다. 반대로 손님이 부르는데, 꼭 사장이 "철수씨, 저기 3번 테이블 가 봐" 하고 직원에게 미루는 식당이 있다. 어떤 식당이 오래 살아남을 수 있을까? 사장의 태도에 따라서 직원 퇴사율 차이도 크다. 근무하는 직원들이 자주 바뀌면 식당 운영에 어려움을 겪는다. 신입 직원 교육에도 큰 에너지가 든다. 직원 교육에는 주인이 모범을 보여 주는 것만 한 것이 없다. 사장이 직접 주방에서 부지런히 일하는 모습을 보여 주고, 손님에게 친절한 모습으로 응대하면 직원은 알아서 따라온다. 사장이 90도로 인사하면 직원이 45도로만 인사해도 성공이다.

직원의 복장과 청결

식당 사장은 먹는 음식을 판매하기 때문에 단정하고 청결한 외모를 유지해야 한다. 직원들도 마찬가지다. 복장이 흐트러져 있지는 않은지, 머리 상태가 단정하지 않은지 관리해야 한다. 직원들끼리 유니폼을 다 같이 갖춰 입으면 더 좋겠지만 그렇지 못하다면 단정한 옷차림만이라도 지켜야 한다. 청결과 위생에 대한 강조는 지나침이 없다. 특히 식당 화장실 청결은 사장이 직접 주의 깊게 챙길 필요가 있다. 아무리 음식이 맛있어도 화장실이 엉망이면 고객들에게 나쁜 인상을 준다. 반대로, 소규모 식당이라도 화장실이 깨끗하거나 공간에 포인트를 준 곳은 크게 인상이 남는다. 손님들은 식당 화장실 청결에 민감하다.

매뉴얼 만들기

생산 효율성을 높이기 위해서는 직원들의 분업에 대한 고민이 필요하다. 각자의 전문 포지션을 만들어 주면 기술 숙련도가 크게 높아진다. 식당 규모나 업종에 따라 다르겠지만 분업의 효과는 대단하다. 한 사람이 여러 가지 일을 모두 하는 것보다 각자의 업무에 맞게 분업하면 업무 속도나 시간이 굉장히 빨라진다. 홀과 주방의 영역을 나누고, 인사 담당, 식자재 사전 준비 담당, 청소 담당 등 업무를 세분화한다. 업무 역할에 대해 자세한 매뉴얼을 만든다면 좀 더 체계적인 식당 관리가 가능하다. 직원 개인의 잘한 부분을 피드백하고, 공지 사항은 노트나 게시판 등을 만들어 서로 원활한 의사소통이 되어야 한다.

직원 식사

직원 관리 영역에서 손님들에게 직원들 식사하는 모습은 보이지 않는 것이 좋다. 어떤 식당이든지 약간의 신비주의가 필요하다. 주방 공간은 특히 그렇다. 식당에 근무하는 직원들이 고객들이 식사하는 공간에 나와서 밥 먹는 모습을 보면 이상하게 신비감이 떨어진다. 별도 직원들 식사 공간이 없다면 다른 겉옷이라도 걸쳐 입고 먹어야 한다.

텔레비전 없애기

식당에 텔레비전을 놓지 말자. 식당 분위기를 망치는 범인이다. 직원은 손님에게 집중을 못 한다. 고객들도 음식에 집중하기 어렵다. 손님이 없을 때 직원들이 우두커니 둘러앉아 텔레비전을 보고 있으면 보기 안 좋다. 사장도 같이 보고 있으면 그 식당은 망해 가고 있는 것이다.

식당은 회사조직이 아니다

식당 내부에 어느 정도 규율이 필요하긴 하지만 조직 논리로 직원들을 관리하려는 것은 조심해야 한다. 규모의 차이는 있겠지만 식당은 회사나 조직이라기보다는 서로 어울려 맞춰 돌아가는 곳이다. 사장이 카리스마를 보여 주기보다는 인간적 모습을 보여 주는 것이 좋다. 하지만 사람 관리가 좀 어려운가. 솔직히 좋은 사람을 만나는 것은 노력보다 인연과 운이 크게 작용한다. 그래서 직원을 뽑을 때도 기대를 너무 하면 안 된다. 실제로 채용을 해 보면 내가 정한 여러 기준을 가지고 뽑을 수 없다는 것을 금방 경험하게 될 것이다. 요새는 사람 구하기도 너무 어렵다. 성실하게 나와서 일해 준다는 사람을 만난다는 것만

해도 감사한 일이다.

유능하고 실력 있는 사람이 개인 식당에서 일할 이유는 적다

직원이 본인 기준에 못 미친다고 너무 답답해할 필요도 없다. 정말 유능하고 실력 있는 사람이라면 내 밑에서 일할 이유가 있을까? 사장의 마음을 이해하고 직원들과도 잘 지내고, 손님에게 잘하고, 성실하면서 식당 매출도 높일 수 있는 아이디어를 내는 직원이라면 밖에 나가서 자기 가게 창업하는 게 맞다. 혹시나 만약 여건이 되어서 여러 사람 가운데 고를 수가 있다면 자신의 부족한 점을 보강할 수 있는 직원 채용이 좋다. 본인이 말이 별로 없다면 말 많이 하는 직원을 뽑는다. 사장이 정리 정돈에 강점이 없다면 그런 쪽으로 특화된 직원을 뽑으면 더할 나위 없을 것이다. 사장은 사람을 뽑는 사람이기 때문에 자신의 약점을 보강하고 장점을 극대화해 줄 수 있는 사람을 찾아야 한다. 외식업에 뼈를 묻겠다고 면접 때 이야기하고 다음 날 안 나오는 아르바이트생도 부지기수다. 사람은 내가 잘 보려 한다고 해서 잘 볼 수 있는 것이 아니다.

어떤 직원을 더 신뢰할 것인가

직원에게 너무 깊은 정을 주지는 말라. 새로 들어오는 친구들이 젊다면 오히려 짧게 근무하고 나간다 생각하는 게 속 편하다. 섣부른 비전으로 이들을 오래 잡겠다고 했다가 나중에 서로 상처가 될 수 있다. 회사처럼 단계가 많아서 승진시켜 줄 수 있는 것도 아니고 재정적 보상도 한계가 있다. 오히려 중년 아주머님들과 아저씨들이 뒤에서 묵묵히 일하면서 장기 근속할 확률이 더 높다. 실제로는 이분들께 더 잘해야 한다. 가족들끼리도 같이 장사하면서 싸우는데, 마음에 맞는 직원들과 같이 오래 근무하기는 쉽지 않은 일이다.

사장이 없어도 되는 식당

식당의 인재를 키우는 목적은 궁극적으로 사장이 없어도 잘 돌아가는 매장을 만드는 것이다. 그래야 나중에 2호점, 3호점으로 매장 확산이 가능하다. 직원들에게 좋은 사례를 보여 주고, 따라 하게 하고, 반복 교육하면서 사람을 키워 간다. 인재를 키우지 않고서는 장사에서 경영의 영역으로 넘어갈 수 없다. 나 혼자 하면 더 잘하겠다고 생각해도 남을 시켜서 나보다 잘하게 만드는 것이 경영자가 되는 길이다. 인내심이 필요하다. 별도의 시간과 정성이 필요한 것이다. 사장이 매일 계산대에 앉아서 잔소리만 한다면 시장 흐름이나 경쟁사 분석, 신메뉴 개발, 매장 확장 계획은 누가 세울 것인가? 사업을 크게 본다면 사람을 미리 키워 나가야 한다.

13강. 식당 인테리어

첫인상의 중요성을 강조하지 않을 수가 있을까? 식당도 첫인상이 아주 중요하다. 식당 외관은 고객들이 음식을 먹기 전에 가장 처음 접하는 정보다. 고객들은 식당의 간판이나 외부 모습을 보고, 들어가서 식사를 할지 말지 판단한다. 식당 겉모습이 지저분해 보이거나 밥맛이 떨어져 보이면 실제로 맛있는 음식을 파는 곳이라도 들어가기 싫다. 밖에서 볼 때 무슨 음식을 파는지 알 수 없는 식당도 마찬가지다. 정보가 없는 고객들은 그런 식당에 자신감 있게 들어가기가 힘들다.

인상이 좋아야 들어와서 밥을 먹어 보기라도 할 것 아닌가. 특히 주 출입구와 현관 부분은 처음 식당을 설계할 때부터 신경을 써야 하는 부분이다. 식당 사장은 인테리어 공정에 대해 기본 지식은 갖춰야 한다. 오픈할 때뿐 아니라 향후 매장을 리뉴얼하거나 수리하는 데도 필요하다. 홀 공간에서 테이블 크기와 위치, 간격은 업종에 따라서 전략적으로 잘 고민해야 한다. 고객들이 식당에서 예쁜 사진을 찍을 수 있게 조명이나 소품도 신경 써야 한다. 주방 설계는 직원들이 가장 편하고 효율을 극대화할 수 있는 공간 구성이 되도록 해야 한다. 주방의 환기시설과 직원 휴식 공간에 대해서도 특별히 신경 쓰도록 하자.

손님을 끄는 파사드

특히 식당이나 접객업소에서 파사드는 매우 중요하다. 파사드란 '건축물의 주된 출입구가 있는 정면 외벽 부분과 그 꾸밈새'를 뜻한다. 중세 시대 성당 건축에서 중요했던 개념이다. 식당으로 보면 주 출입구와 현관 외관을 뜻하며, 식당의 전체적인 인상을 단적으로 보여 준다. 고객에게 파사드는 '우리 식당은 이런 느낌의 음식을 파는 곳'이라고 넌지시 알려 준다. 식당 주인은 어떤 외모와 표정으로 처음 오는 손님에게 말을 건네야 할지 파사드를 통해서 결정해야 한다. 식당의 첫인상은 파사드 형태와 디자인에 큰 영향을 받는다.

지방 외곽 도로 근처 식당은 파사드가 더욱 중요하다. 국도에서 운전하는 사람들은 짧은 시간에 어느 식당으로 들어가야 할지 판단한다. 식당 간판이나 메뉴 이름이 커서 운전자에게 잘 보여야 좋다. 이런 곳에서는 식당 이름이 크게 중요하지 않다. 식당 외부에 설치하는 지주식 간판, 현수막, POP 광고 문구 등 사인물도 식당 파사드를 구성하는 중요한 요소다. 외식업은 사실 식당 외관의 싸움이라고 볼 수 있다. 식당의 겉모습이 식당의 운명을 결정한다. 식당 인테리어는 그야말로 손님이 가게에 들어와야 볼 수 있는 것이다. 식당의 겉모습을 통해서 고객들을 제 발로 들어오게 해야 한다.

아웃테리어부터

식당 콘셉트를 기획할 때도 외관이 먼저고 인테리어는 다음이다. 식당 공사를 할 때도 외부 작업 마치고 홀, 주방, 화장실, 조명을 고려한 내부 작업에 들어가야 순서가 맞다. 식당을 하려면 사장은 기본적인 인테리어 상식은 갖추는 게 좋다. 보통 매장 리모델링의 경우, 설계 → 철거 → 골조 → 목공 → 배관 → 전기 → POS 설치 순서로 진행한다. 공정에 대해 잘 모르는 식당 사장은 보통 이런 공사를 모두 주방 인테리어 업자에게 맡긴다. 사장이 일부라도 지식을 갖추었다면 전체적인 내용을 감독하면서 철거나 골조, 목공, 배관 전문가를 각각 불러서 작업을 시킬 수 있다. 모든 일이 마찬가지겠지만 비용을 조금이라도 절감하는 방법은 내가 조금이라도 내용을 알고 직접 하는 것이다.

편안함이 제일 중요

좋은 식당 인테리어의 특징은 '편안함'에 있다. 편안하면서 이색적인 느낌을 줘서 '다음에 또 오겠다'는 생각을 하게 하면 성공이다. 실용적이면서도 아름다운 식당은 고객의 기억 속에 오래 남는다. 아무리 인테리어가 화려하고 고급스럽더라도 주 고객들이 불편함을 느낀다면 대중식당으로서 적합하지 않다. 식당 공간 설계는 고객뿐 아니라 직원들이 일하기 편리한 동선인지 같이 고민해야 한다. 업종의 특성에 따라서 홀의 테이블 숫자와 간격 등도 전략적인 배치가 필요하다. 테이블 사이의 거리는 손님들 사이에 느끼는 거리이면서, 일하는 직원들이 서로 부딪히지 않을 공간이다.

테이블 배치는 유동적으로

고깃집을 예로 들자면 직원이 한 테이블에 여러 번 서빙을 해야 한다. 손님이 앉으면 물로 시작해서, 상차림도 하고, 고기도 서빙하고, 숯불도 넣어야 한다. 중간중간에 술이나 반찬도 다시 채워야 한다. 때에 따라서 좌우 테이블을 돌면서 고기도 타지 않게 뒤집거나 잘라야 한다. 자주 이동하는 공간에 직원들끼리 혹은 손님과 부딪히지 않도록 넉넉한 공간 확보가 필요하다. 카페도 마찬가지다. 손님을 더 받기 위해 4인석 테이블을 모두 2인석 테이블로 나눠서 놓으면 테이블 사이 공간이 좁아져 손님들의 만족도는 떨어질 수밖에 없다. 긴 테이블과 4인석, 2인석 테이블 등을 조화롭게 배치해야 카페 실내 공간이 안정적인 느낌을 준다.

혼밥 콘셉트 음식점은 4인 테이블보다 1인 혹은 2인 테이블 중심으로 구성하는 것이 상식이다. 이런 식당에서는 오히려 1인 고객들이 편안하게 식사할 수 있는 공간 배치를 고민해야 한다. 테이블 숫자에 너무 욕심낼 필요도 없다. 식당에 들어갔는데 빈 테이블이 많으면 왠지 맛이 없다는 생각이 든다. 오히려 식당 초기에는 테이블을 적게 놓는 것이 좋다. 손님이 늘고, 직원들 간에 손발을 맞추기 시작해서 식당 운영 속도가 점차 빨라지면 조금씩 테이블을 늘리는 것이 좋다.

사진 찍기도 좋은 조명

요즘에는 홀 설계에서 특히 신경을 써야 할 것은 조명이다. 요즘 식당은 음식만 먹는 곳이 아니라 사진을 찍는 곳이다. 좌석 위치와 시간대별 조명의 종류와 위치를 미리 고려해야 한다. 고객들이 사진을 찍어서 올릴 음식과 매장 사진이 매력적이고 깔끔하게 나올 수 있도록 조명이 뒷받침을 해 줘야 한다. 레스토랑 공간 내에서 사진 찍을 무엇인가를 만들어 줘야 한다. 음식은 물론이고 매장 소품, 여유 있는 공간, 벽화, 예쁜 조명 등. 화장실까지도 예쁘게 나올 수 있도록 신경을 써야 한다.

주방 설계가 인건비를 줄인다

홀에서 주방으로 들어가 보자. 주방 공간은 깨끗하고 직원들이 일하기 가장 편하게 구성해야 한다. 조리할 때 직원들이 움직이는 동작을 최대한 짧게 만들어, 보이지 않는 직원들의 피로를 줄여야 한다. 조리 선반 위에 음식을 조리하는 데 필요한 재료를 손이 닿을 수 있는 공간에 배치해 가능한 한 음식 만들 때 움직임이 많지 않도록 해야 한다. 메뉴가 확정되면 화구, 작업대, 개수대, 냉장·냉동고 등의 크기와 위치를 구성해야 한다. 음식 주문이 들어왔을 때 음식을 만들고 서빙해서 나가는 길과 공간을 생각하면서, 소수 인원으로 최대의 효과를 볼 수 있도록 최적화된 주방 설계를 고민해야 한다.

주방 동선

식재료를 냉장·냉동고에 넣고 ⇨ 꺼내서 ⇨ 다듬고, 세척하고
⇨ 적당한 크기와 모양으로 잘라서 ⇨ 끓이거나 찌거나 볶고
⇨ 식기에 담아서 내고 ⇨ 나갔던 그릇들이 다시 주방으로 들어오고
⇨ 설거지하고 ⇨ 다시 그릇장에 정리

주방 설계에 따라서 적은 인원으로도 빠른 시간에 음식을 만들어 제공할 수도 있고, 인원이 많아도 효율이 오르지 않을 수도 있다. 주방에서도 각 단계에서 일하는 직원이 서로 부딪히지 않도록 해야 한다. 식당에 입고된 식재료를 냉장·냉동고에 넣고, 꺼내고, 다듬고, 세척하고, 적당한 크기와 모양으로 자르고, 끓이거나 찌거나 볶고, 식기에 담아서 내고, 나갔던 그릇들이 다시 주방으로 들어오고, 설거지하고, 다시 그릇장에 정리한다. 이 주방 공정이 순서대로 빠르게 진행될 수 있도록 공간과 설비를 구성한다.

환기시설 관리가 중요한 이유

주방은 환기시설도 중요하다. 하루 내내 음식을 만드는 주방은 공기 질이 안 좋을 수 있다. 주방에서 공기 순환이 제대로 되지 않으면 주방 직원들의 피로도가 쉽게 높아진다. 주방 냄새가 손님이 있는 홀까지 퍼져 나가 고객들에게도 불쾌감을 줄 수 있다. 주방에서 나오는 열을 환풍기를 통해 밖으로 내보내고, 깨끗한 공기를 유입시키면서 공기를 순환시켜야 한다. 하수 냄새와 음식 냄새가 덜 나도록 특별히 관리해야 한다.

직원 휴게시설이 효율을 높인다

마지막으로 주방 공간 설계에서 직원들의 휴게 공간을 별도로 마련해 두는 것이 꼭 필요하다. 직원들이 쉴 수 있는 의자, 옷을 갈아입고 넣을 수 있는 캐비닛 등을 마련해 두면 좋다. 잠깐이라도 쉴 수 있는 휴게 공간이라면 충분하다. 근무 강도가 높은 식당에서 직원들의 스트레스를 줄여 주기 위한 방법이다. 직원들의 퇴사율을 낮추는 데 도움이 될 수도 있다. 주방 근무 직원이 홀 공간에 나와 앉아서 핸드폰을 하거나, 옷을 갈아입기 위해서 왔다 갔다 하는 모습을 노출하는 것은 손님들에게도 직원들에게도 불편하다. 직원들이 쉴 공간은 꼭 필요하다.

외식사업에서 브랜딩은 경영의 필수요소!
작은 식당들도 브랜딩이 필요하다.
브랜딩의 핵심은 차별화와 신뢰이며,
한 가지 가치만이 아니라
여러 가지 요소들이 결합된 믿음의 체계다.
전문점으로 인식되도록 브랜딩하라.

3장.
외식업 경영의
기본과 매뉴얼화

14강. 매출 관리와 수익 구조

매출과 수익 실현은 모든 사업자의 경영 목표다. 매출은 식당 운영의 기본이자 시작이다. 수익은 경영의 마지막 열매다. 식당 사장은 창업하는 날부터 식당 문을 닫기 전까지 좋든 싫든 이 두 가지 숫자와 계속 씨름해야 한다. 우선 식당 매출 관리의 기본이 되는 핵심 단어들에 대해 간단히 살펴보자. 식당 수익의 기본 구조에 대해서도 알아보자. 매출과 수익을 구성하는 기본 공식 정도는 알아야 식당 경영을 한다고 말할 수 있다.

우선 매출액은 고객 수×객단가로 구성된다. 매출을 높이기 위해서는 고객 수를 늘리거나 객단가를 높이는 방법이 있다. 고객 수는 식당 관리의 핵심지표로 사장은 고객 수 증감 추이를 정기적으로 살펴봐야 한다. 기존 고객은 방문 빈도를 높일 수 있게 하고, 신규 고객은 계속 늘려 가야 한다. 맥도날드를 예로 들면 '24시간 영업'한정된 식사 시간 이외 고객 확보', '맥딜리버리집에서 배달 주문하는 고객 확보', '드라이브스루차량 이동 고객 확보, '맥모닝아침 메뉴 선호 고객 확보', '맥카페커피전문점을 찾는 고객 확보' 등 매장이 갖는 한계를 극복하고 고객 수를 계속 넓혀 가는 전략을 통해 매출을 지속적으로 키워 왔다.

매출액 = 고객 수 X 객 단가

매출액을 높이기 위해서는 고객 수를 늘리거나 객 단가를 높여야 하는데 고객 수를 늘려 가면서 기존 고객의 객 단가를 높이도록 해야 한다.

객 단가와 주변 상권

객 단가는 식당에 입점한 고객 한 명당 지출하는 금액이다. 식당 총 매출을 고객 수로 나누면 계산이 가능하다. 예를 들어 오늘 하루 매출이 150만 원이고, 고객 수가 200명이라면, 객 단가는 7,500원이 된다. 객 단가를 올리기 위해 메뉴 가치를 높여 가격을 더 받는 건 문제가 없다. 다만 메뉴 가격은 주변 상권과 연관이 있다. 인근 동종 식당과 가격 비교가 필요하다. 또한 가격은 고객만족도와 긴밀하게 연관되어 있다. 근거 없이 가격만 올리면 저항을 받는다. 식당에서 객 단가를 올리는 일반적인 방법은 매력적인 사이드 메뉴를 같이 파는 것이다. 매력적인 만두 메뉴 개발을 통해 막국숫집에서 국수를 먹으면서 만두를 시키지 않을 도리가 없게 만드는 것이다.

회전율

회전율에 대한 이해도 필요하다. 외식업계에서는 '좌석 회전율' 지표를 많이 사용한다. 좌석 회전율이란 식당에 방문한 고객 총수에서 좌석 총수를 나눈 값이다. 즉 입점 고객 총수가 하루에 좌석을 몇 번 회전시켰는지 보여 주는 지표다. 좌석 회전은 특정 시간 동안 한정된 좌석을 얼마나 효율적으로 사용했는지 식당의 생산성을 점검할 수 있다. 장사가 잘되는 식당이 되려면 고객 만족을 해치지 않는 범위 내에서 빠른 음악을 틀어 놓거나, 메뉴 생산과 서비스 속도를 높여 좌석 회전을 극대화해야 한다는 것이다. 좌석이 실은 돈이다. 바쁜 시간대에는 생산 효율을 높이고, 한가한 시간대에는 고객을 모으는 방법을 고민하는 것이 좌석 회전율을 높일 수 있는 방법이다. 일별, 요일별, 시간대별 좌석 회전율을 봐야 한다.

수익 개념

수익은 이익 × 회전율이다. 건별 이익이 적어도 회전율이 높으면 수익은 커질 수 있다. 회전율의 다른 관점은 투자 대비 이익으로 볼 수 있다. 많은 사람들이 단순히 오늘, 이번 달에 총 얼마를 벌었는지 관

심을 갖지만 '얼마를 사용해서 얼마를 벌었는지'에 대해서는 간과하는
경향이 있다. 투입한 자원 대비 결과물을 봐야 한다. 식당을 처음 창업
할 때도 초기 총 창업비용의 회수를 어느 기간까지로 할지 대략적인
목표를 미리 세워 놔야 한다. 보통 초기 자금의 회수 기간이 3~5년 이
상을 넘어가면 수익 구조가 좋지는 않다고 본다.

수익 = 이익 X 회전율
회전율의 다른 관점은 투자 대비 이익

수익 관리는 손익 계산서Profit & loss Statement 기준으로 보면 이해가 쉽
다. 우선 기본적으로 레스토랑의 수익은 매출 − 비용이다. 너무 당연
한 말이지만 수익을 늘리기 위해서는 매출은 늘리고 비용을 줄여야
한다. 둘 다 중요하지만, 창업 초기에는 고객 수를 늘리고 매출을 키우
는 것이 우선이다. 비용 절감을 매출보다 우선시해서는 안 된다. 매출
이 어느 정도 안정화되고 매장 확장을 고민할 시점에 원가 절감을 고
민해도 늦지 않다.

식재료 구매 비용과 인건비
식당의 가장 큰 비용 두 가지는 식재료 구매 비용과 인건비다. 그 밖
에도 임대료, 수도·전기세, 소모품 구매 비용 등 일반 관리 비용도 발

생한다. 식재료 구매 비용은 변동비다. 식당 매출에 따라서 같이 늘어나고 줄어든다. 인건비는 고정비와 변동비의 성격을 갖고 있다. 외식 업종에 따라서 다르지만, 매출 대비 식재료 원가율이 좋은 곳은 20% 후반대에서 보통 30% 초중반이 제일 많고, 40%에 가까워지면 일반적으로 원가 구조가 그렇게 좋다고 볼 수 없다. 인건비는 보통 매출의 20~30% 수준이다. 일반 관리비도 20% 내외로 구성된다. 각 식당의 상황과 메뉴 특성에 따라서 각각의 수익 구조 비중을 어떻게 가져갈지 고민해야 한다.

우선 인건비 관리의 시작은 매출 예측에서 시작한다. 주말과 평일 매출이 어느 정도일지 예상해서 적정 인원을 미리 배치해야 한다. 점심과 저녁 시간대에 따른 예상 고객 수도 나눠서 봐야 한다. 매출 예측을 기초로 해서 직원들의 근무 일정을 최소한 2주 전에는 정해서 직원들에게 반드시 정해진 날에 같이 소통해야 한다. 모든 직원이 각자 어떤 요일에 나오고 누가 무슨 날 쉬는지 서로 알고 있어야 한다. 근무 직원의 지각이나 결근으로 인한 인원 부족은 고객뿐 아니라 같이 일하는 직원들에게도 피해가 간다.

매출 예측 ⇨ 주말/평일 매출 예상 ⇨ 적정 인원 배치 ⇨ 2주 전 정해진 날 근무 일정 소통⇨ 모든 직원이 서로의 스케줄을 알 수 있도록 공개
*점심과 저녁 시간대 예상 고객 비율도 예측

사장은 적정한 인원을 채용하고 근무 시간과 요일을 안배해 식당 인력 부족으로 직원들이 힘들지 않게 해 줘야 한다. 외식업은 사람 산업이다. 처음 인원을 채용하는 것부터 직원을 교육하고 정기적으로 면담도 하면서, 직원에게 동기부여를 해 줘야 한다. 식당의 성공적 기반을 만들기 위해서는 사람을 키워야 한다. 직원 퇴사율이 높은 식당이 인건비 관리가 잘 될리 없다. 식당의 규모와 성격에 따라 다르겠지만 업장의 운영상황에 대해서 직원들과 정보를 원활히 공유하고, 정기적으로 회식도 하면서 직원들과 소통하고 팀워크를 서로 다지는 시간도 꼭 필요하다.

15강. 원재료 비용과 관리

　대기업이나 자영업 식당이나 경영의 최종 목표는 수익 실현이다. 수익이 없으면 사업체를 영속할 수가 없다. 수익을 내기 위해서 매출은 늘리고 비용은 적정하게 관리해야 한다. 매출을 늘리기 위해서는 기존 고객은 자주 오게 하고, 신규 고객은 계속 늘리며, 메뉴 가치는 계속 키워 고객들이 수긍할 수 있는 수준에서 가격을 올려야 한다. 식당에서 핵심 비용은 식재료 비용과 인건비다. 식재료를 잘 관리하기 위해서는 공급자를 잘 선택해야 한다. 핵심 식재료의 기본 지식과 활용 방법에 대해서도 잘 알아야 한다. 식당에서는 선입 선출을 원칙으로 식재료 보관 방법을 준수하면서 효율적인 재고 관리가 필요하다. 사람 관리는 정답이 없다. 진심으로 사람을 대하고, 키우고, 동기부여 하면서 식당의 성공 기반을 다져 나가야 한다.

식재료 거래처 선정, 관리

식재료 및 원재료 비용 관리는 크게 3가지 방향에서 체크해 보자. 우선은 식재료의 거래처 선정 관리다. 식당 창업 초기에는 쓰는 식재료 양도 많지 않은데 원가 절감을 위해 새벽부터 가락동 시장을 다니면서 싼 식재료를 구매할 필요는 없다. 교통비와 에너지가 더 든다. 초기에는 근처 할인마트에서 사서 조리하거나 종합 식품 공급 업체를 이용하는 것이 더 낫다. 종합 식품 공급 업체를 이용할 경우, 개별 제품 단가는 상대적으로 비싸 보이지만 소량 주문도 가능하다. 물류 시스템도 잘되어 있어 식재료가 상대적으로 신선하다. 배송 주기도 잦아 초기 운영 시에는 장점이 많다. 식재료 공급사는 가격, 품질, 납기, 수량 등을 판단해 결정하자.

식당 내에서의 식재료 관리

다음은 식당 내에서의 식재료 관리다. 우선 본인 식당의 핵심 식재료에 대해서 계속 공부해야 한다. 제품 지식이 중요하다. 농산물을 많이 쓴다면 제철에 나오는 농산물 종류와 가격, 주요 산지에 대해서도 알면 좋다. 육류도 고기 부위별 특성과 메뉴 활용 방법, 품질 등급, 시장 가격 정보 등 계속 공부가 필요하다. 레스토랑 내에서는 식재료 입고 시에 검수 검품은 잘하고 있는지, 냉장·냉동 보관 방법에 준하여 잘 보관하는지 관리해야 한다. 외식 교과서에서는 창고의 식재료 재고 조사를 주간 단위로 할 것을 권장한다. 너무 바쁜 매장이라도 최소한 월말 식재료 재고 조사는 정확히 해야 한다. 그래야 정확한 식당의 원가 계산이 나오고, 월별 수익을 어느 정도 계산할 수가 있다.

정확한 원가 계산

원가 계산이 정확히 되어야 직원들이 기본 레시피에 따라 적정하게 메뉴를 만들고 있는지 파악이 가능하다. 식재료를 원래 레시피보다 더 넣는지, 덜 넣는지 확인이 되어야 개선이 가능하지 않겠는가. 가능하다면 폐기되는 식재료 양도 정기적으로 기록하는 것이 좋다. 유통기한이 지나서 버리는 식재료뿐 아니라, 메뉴를 준비하는 과정에서 발생하는 식재료 폐기도 기록해 놔야 원인 파악 및 개선이 가능하다. 단품 메뉴를 파는 식당의 경우는 상대적으로 원가 계산이 용이하지만, 반찬이 많은 한식을 주로 팔거나 여러 가지 메뉴를 파는 식당은 원가 분석이 쉽지는 않다. 식재료 원가가 너무 급등할 경우의 대안도 미리 준비하면 좋다.

식재료 차별화로 식당 가치를 올리는 방법

같은 고기라도 가격이 같지는 않다. 소고기, 돼지고기, 닭고기는 고기 종류가 아예 다르니 가격이 다른 것은 당연하다고 생각한다. 하지만 같은 돼지고기라도 제주산 흑돼지라면 식당에서 가격을 더 받는다. 최근에는 이베리코 돼지고기 전문점이 크게 늘었다. 국내산 돼지고기보다 양은 더 적고 가격은 더 비싸다. 그래도 찾는 사람은 찾는다. 고객들은 같은 식재료라고 하더라도 그 차이와 가치를 인정하면 비싸더라도 사 먹는다. 식재료를 차별화해서 고객들이 기꺼이 금액을 더 낼 수 있는 방법을 고민해 보자.

식재료 스토리텔링

논산에서 올해 처음으로 딴 딸기

창녕 갈릭버거, 보성 녹돈버거

비무장 지대 청정 지역에서만 재배하는 철원 쌀로 지은 밥

케냐AA 등급 원두를 갓 볶아 추출한 커피

프랑스 피클 장인이 수십 년간 지켜온 신뢰와 전통

3년 발효하고 숙성한 매실액

식재료를 스토리텔링하기 위한 방법으로 크게 4가지가 있다. 첫째는 원산지와 지역, 둘째는 식재료 등급과 품종, 셋째는 생육 방식, 넷째는 후가공 방식이다. 여기에 시간 개념을 결합해서 '올해 처음 나온'이나 반대로 기다림의 시간을 표현해서 '3년 발효해서 숙성한' 이런 문구를 결합하면 새로운 응용이 가능하다. 예를 들어 "논산에서 올해 처음 딴 딸기로 만든 디저트" 이런 방식이다. 코로나로 인해 "우리 식당에서는 '국내산 김치'만 사용합니다"라고 써 붙인 식당도 많이 늘었다. "우리 식당은 비무장 지대 청정 지역에서 재배하는 철원 쌀만 사용합니다"라고 홍보하는 것도 넓게는 식재료를 알리는 방법이다.

1) 식재료의 원산지와 지역으로 홍보

식재료의 원산지와 지역으로 홍보하는 것은 가장 일반적인 방법이다. 특히 코로나로 인해서 지역 식재료에 대한 관심이 더욱 커졌다. 국제 물류 이동이 어려워짐에 따라서 자국 식재료를 발굴하고 소비하고자 하는 풍토가 자연스럽게 확산되었다. 정부에서 거주 지역을 기반으로 재난 지원금이나 제로페이, 지역 화폐 정책까지 시행하면서 동네 식당들이 재발견되기도 했다. 광주의 '무등산 브루어리'는 국내 최대의 밀 생산지라는 지역 자원을 이용해 높은 부가가치를 창출하고자 만든 맥주의 명소가 되었다. 글로벌 브랜드 맥도날드에서도 '창녕 갈릭버거'나 '보성 녹돈버거' 출시 등 지역 식재료를 사용한 메뉴 개발 및 홍보에 집중하고 있다.

2) 커피 시장의 세분화

커피 시장에서는 이미 아메리카노와 카페라떼로 분류되던 메뉴 이름이 커피 생두 원산지 종류에 따라서 분화한 지 오래다. 커피를 즐기는 인구가 많아지다 보니, 이제 고객들은 내가 마시는 커피 원두가 어디서 오고 지역별 차이가 무엇인지 궁금해하기 시작했다. 그래서 고객들은 '콜롬비아 커피는 좀 더 부드럽고 깊은 맛을 내고, 에티오피아 커피는 산미가 높고' 하는 형태로 평가하면서, 커피 취향이 다양해지고 갈수록 섬세해지고 있다. 드립커피나 로스팅을 전문으로 하는 커피전문점에 가면 이제 같은 브라질 커피라도 지역에 따른 제품의 특징을 설명하고 가격도 다르게 받는다.

3) 재배 환경을 통한 차별화

재배 환경을 차별화 요소로 사용하기도 한다. 식재료는 지역에 따라서 온도, 습도, 강수량 등 기후 환경과 토양의 특성이 다르기 때문에 같은 품종의 농산물이라도 다른 특징이 나타난다. 간척지에서 재배한 쌀의 경우, 바다였던 토양에서 자라 마그네슘 성분이 풍부하고 밥을 하면 윤기가 흐른다. 2020년 서초동에 오픈한 '한우다이닝 울릉'은 울릉도의 식재료를 경험할 수 있게 기획한 식당이다. '울릉 약소'는 일반 사료도 먹이지만 볏짚을 구하기 어려운 섬의 특성상 자생하는 약초를 먹여서 키운다고 한다. 이렇게 키워 한우 가운데도 감칠맛과 육즙이 풍부한 '울릉 약소'가 되었다. 울릉도의 명이나물과 더덕을 반찬으로 내놓는다.

4) 식재료 등급과 품종

식재료 등급과 품종이 다르면 고객들은 차이점을 인정해 준다. 포도 같은 경우에 '샤인머스캣'이 새로운 품종으로 유명해져 이제는 대세 과일이 되었다. 초당 옥수수도 인터넷에서 '핵인싸' 품종이 되었다. 초창기에는 아는 사람만 먹는 제품이었고, 생산량도 많지 않아 온라인을 통해서만 소규모로 거래되었다. 하지만 '찌지 않고 바로 먹는 달콤한 옥수수'라는 SNS상의 리얼한 후기와 호기심이 폭발적 수요로 이어졌다. 이에 발 빠른 대형 외식업체에서는 초당 옥수수를 활용한 음료와 신메뉴를 앞다투어 내놓고 홍보했다. 백도와 황도의 장점을 집약해 놓은 품종으로 짧은 기간에만 수확하는 '신비 복숭아', 일명 '단 토마토'로 알려진 '스테비아 토마토'도 주목받고 있다.

5) 재배 방식

식재료를 키우는 방식에 따라서도 마케팅이 가능하다. 생산자가 어떤 방식으로 식재료를 재배하고 가공하는지가 차별화 포인트다. 토마토도 요즘은 땅에서 키우는 것이 아니라 수경 재배하는 상품이 늘었다. 토경 재배가 일반적으로 우리가 아는 땅에 심어서 물 주고, 비료 주고, 잡초를 제거하는 형태라면, 수경 재배는 그야말로 토마토를 양분이 흐르는 물에 키우는 것이다. 벌레가 없고 외관이 좋아진다. 사람마다 흙에서 키운 토마토가 더 맛있다고 하는 사람도 있기는 하지만 생산 방식을 차별화하면서 제품의 차이를 강조할 수 있는 거리가 생길 수 있다.

거제의 특산물, 파인애플 요리 식당

경남 거제시에는 '파인에이플러스Pine A+'라는 식당이 있다. 국내에서 파인애플이 나는지 모르는 사람이 대부분이다. 하지만 거제에서는 35년 전부터 파인애플을 생산하고 있었다. 거제 파인애플 농장에서 재배한 파인애플을 활용한 요리를 보여 주는 지역 명소다. 치킨 스테이크부터 거제 특산물인 미역과 명란을 이용한 파스타, 파인애플 음료와 디저트까지 음식도 다양하다. 창고를 개조한 외관은 이국적인 느낌을 자아내고 지역 명소로 만드는 데 일조했다. 파인애플이 거제의 특산물로 경작되고 있다는 것을 알리는 것만으로 큰 마케팅이다.

_파인에이플러스 식당 전경

6) 후가공 방식

후처리 방식으로 식재료를 차별화하는 대표적인 방식은 건조, 숙성, 발효다. 국내 대표적인 발효 식품이라고 하면 홍어가 있겠다. 소고기나 한우에 많이 적용하는 드라이에이징 방식도 큰 유행이라고 할 수 있다. 드라이에이징이란 고기 곁에 있는 핏물을 뺀 후에 건조한 상태로 숙성시키는 방식이다. 육향을 더욱 진하게 하고 고기의 맛을 농축시키는 방식이다. 소고기에만 사용하던 드라이에이징 방식이 이제는 매니아층 사이로 돼지고기까지 확산되는 형국이다. 돼지고기를 건조 발효시켜 만든 대표적인 음식이 바로 스페인의 하몽이다.

하몽은 돼지 뒷다리를 소금에 절여서 천장에 매달아 수개월에서 수년까지 건조해 만든 제품이다. 스페인어로 햄을 뜻한다. 짭짤한 맛에 멜론과 같이 먹으면 잘 어울린다. 한국에서는 하몽이라고 주로 말하지만 현지에서는 하몬으로 칭한다. 대표적으로 하몬 이베리코와 하몬 세라노가 있는데, 하몬의 대부분은 하몬 세라노다. 세라노는 흰 돼지, 하몬 이베리코는 스페인 토종 흑돼지를 사용한다. 하몬 이베리코 가운데 베요타라는 최고 등급제품과 일반 하몬 세라노 등급의 제품 가격은 10배 이상 차이가 난다. 가공 방식도 다른데 세라노 등급 제품은 염장해서 6~12개월 숙성하는데, 베요타 등급은 바다 소금으로 염장 후 2년 이상 숙성한다.

외식 사업에서 식재료 중심의 메뉴 개발 및 마케팅은 이제 큰 흐름이 되었다. 특히 코로나 팬데믹으로 현지 식재료를 우선시하는 음식 문화는 더욱 확산되었다. 잘 알려지지 않은 특색 있는 식재료를 즐기고 SNS에 알리는 행동 자체도 하나의 사회적 문화 현상이 되었다. 이렇게 인기를 얻는 식재료의 특징은 기존 일반 재료보다 비싸지만 우수한 품질과 한정성이 있다. 이런 독특하고 새로운 식재료는 지역 와인, 전통주, 지역 특산물, 지역 맛집 등과 함께 가지를 뻗어가면서 외식 문화를 확장하고 있다. 젊은 농업인과 외식업체, 인플루언서가 손잡고 새로운 형태로 식재료 소비의 실크로드가 형성되고 있다.

외식 문화가 발전함에 따라 좋은 식재료에 대한 고객들의 니즈는 더욱 커질 수밖에 없다. 앞으로 자연스럽게 많은 셰프들은 각 지역의 산지와 농가로 가야 할 것이다. 이미 프랑스와 이탈리아같이 미식 문화가 발달한 곳은 탄탄한 농업 환경을 바탕으로 현지 로컬 식재료를 사용한 고급 레스토랑이 미식 문화의 대세가 된 지 오래다. 식당에서 어떻게 좋은 식재료를 발굴하고 잘 활용하느냐가 앞으로 외식시장의 큰 관건이 될 것이다.

16강. 작은 식당도 기업 경영하듯 공부하라

　QSC-V는 식당 관리의 불문율, 바이블이자 교과서다. 맥도날드 창업자인 레이크록이 처음 만들었다고 알려져 있다. 레이크록은 "만약 내가 'QSC & V'라는 구절을 이야기할 때마다 바다에 벽돌을 하나씩 쌓았다면 아마 대서양을 가로지르는 다리도 놓을 수 있었을 것이다"라며 외식사업의 성공 요소로 거듭 강조했다고 한다. QSC & V는 오늘날 맥도날드가 있게 한 원동력이자 성공전략일 뿐 아니라 이제 전 세계 모든 레스토랑 관리의 기준 규범이 되었다. QSC-V란 Quality품질, Service서비스, Cleanliness청결, Value가치를 의미한다.

　품질, 서비스, 청결은 외식업 성공의 핵심이다. QSC 관리를 통해 식당 매출과 수익이 창출되고 고객 만족을 향상시킨다. 성공적 QSC

의 기초가 되는 것은 '높은 기준'과 '체크리스트'에 있다. 사장은 QSC 영역에서 남들보다 기준을 높여야 한다. 음식 품질에 대해서 맛, 모양, 양, 온도 등 기준을 정해 관리해야 한다. 서비스는 고객 접점의 MOT^{Moments of Truth} 단계마다 지켜야 할 원칙과 응대 멘트가 있어야 한다. 청결과 위생에 대한 높은 기준은 식당 사장의 필수 덕목이다. 이 3가지 영역에서 직원들이 구체적으로 실행할 수 있고, 점검이 가능한 체크 리스트를 가지고 확인하여 개선해 나가야 한다.

QSC-V

Quality품질, **Service**서비스, **Cleanliness**청결, **Value**가치

품질에 대한 개념을 알아야 한다

우선 Quality품질다. 메뉴의 품질은 음식의 맛과 양, 모양, 온도 등 기준을 정해 일정하게 제공하는 것을 말한다. 식당에 갈 때마다 나오는 음식량이 다르거나, 맛이 달라진다면 이는 치명적인 문제다. 품질 관리의 핵심은 '표준화'에 있다. 식재료는 공산품이 아니라 살아 있는 생물이다. 변화무쌍한 식재료를 이용해 만드는 음식이 항상 일정한 맛을 내기는 쉽지 않다. 하지만 사업을 한다면 완벽을 추구해야 한다. 어떻게 하면 그 차이를 줄이고, 일정한 품질의 메뉴를 만들어 고객들에게 제공할 수 있을지 고민해야 한다.

① 검수 검품

메뉴 품질을 높이기 위해서는 식재료가 식당에 들어올 때부터 신경 써야 한다. 첫 단계인 검수 검품이 그래서 중요하다. 입수 수량이 맞지 않거나, 품질이 떨어지는 식자재는 처음부터 받지 말고 반품하거나 폐기해야 한다. 이후에도 냉장, 냉동 기준에 맞게 보관하고 식품을 조리해서 고객에게 나갈 때까지 세심한 관리가 필요하다. 메뉴의 품질은 최종 결과물인 음식의 모양이나 맛으로만 판단해서는 안 된다. 오히려 음식 품질은 식재료를 처음 선택할 때 이미 많은 부분 결정된다. 조리 기술이 아무리 좋아도 식재료가 좋지 못하면 맛있는 음식이 될 수가 없다.

② 온도

커피가 가장 맛있는 온도는 70~80℃라고 한다. 커피가 살짝 식었을 때 가장 풍부한 맛을 느낄 수 있다고 한다. 부글부글 끓어오르는 온도에서는 맛을 제대로 느낄 수 없다. 설렁탕은 몇 도에서 가장 맛있을까? 시원한 맥주는 몇 도에서 제공하는 것이 좋을까? 뜨거운 것은 뜨겁게, 차가운 것은 차갑게 메뉴를 제공해야 한다. 내가 팔고 있는 메뉴를 먹을 때 가장 맛있는 온도는 몇 도인지 알고 기준을 정해서 그 기준에 맞게 제공해야 한다. 닭을 튀길 때의 기름 온도, 육수의 온도, 식품을 보관하는 냉장고 및 냉동고의 온도까지 살피자. 온도 관리는 음식을 만드는 전 과정에 걸쳐 메뉴 품질에 강력하게 영향을 끼치는 요인이다.

③ 유통기한

주방 기물 관리가 음식 품질에 끼치는 영향도 크다. 식당에서 사용하는 기물은 정기적으로 점검해야 한다. 설비의 종류마다 점검 주기는 다르다. 하지만 비용을 아낀다고 점검을 소홀히 하지 말자. 기준에 맞게 점검하고 관리해야 음식 품질이 떨어지지 않는다. 다음은 시간 관리다. 음식을 만들 때 조리 시간을 지켜야 한다. 조리 타이머를 이용해 시간에 맞춰서 조리하는 기술이 필요하다. 식재료의 유통기한 관리도 시간 관리에 속한다. 유통기한 관리는 법적 제재 대상이다. 먼저 들어온 것을 먼저 쓰고, 나중에 들어온 것을 나중에 써야 한다. 이 부분은 너무 중요해서 나중에 위생 관련된 부분에서 다시 이야기하겠다.

서비스 매뉴얼을 만들라

다음은 Service서비스다. 식당 서비스는 일반적으로 환영1단계, 주문2단계, 음식 제공3단계, 환송4단계 사이클로 진행한다. 서비스 사이클은 고객에게 서비스할 때 고객들이 경험하는 순간의 연속이다. 고객들은 서비스 사이클에 있는 이 주요 단계의 '순간' 경험으로 식당과 브랜드를 평가한다고 한다. 이름도 무섭다. MOTMoments of Truth는 말 그대로 '진실의 순간'이다. 각 서비스의 단계별로 고객 접점의 순간에 직원이 해야 할 말과 행동을 매뉴얼로 정리해 놓는 것이 좋다. 그래야 실수가 없다. 100에서 1을 빼면 99가 되지만 서비스는 100에서 1을 빼면 0이라고 한다. 전체적인 서비스가 좋아도 직원의 불친절한 한마디가 전체적인 서비스 만족도를 0으로 만들 수 있다. 그래서 서비스가 어렵다.

진실의 순간

MOT (Moments of Truth)

서비스 사이클에서 고객들은
'순간'의 경험으로 식당과 브랜드를 평가한다.
각 서비스의 4단계 환영 → 주문 → 음식 제공 → 환송 **고객 접점의 순간에**
직원이 해야 할 말과 행동을 매뉴얼로 정리해 놓자.

① 1단계 환영의 단계에서는 식당의 좋은 첫인상을 위해, 직원의 단정한 외모와 깔끔한 유니폼, 웃는 인상, 좋은 자세, 개인위생 등이 중요하다. 고객이 매장에 입점했을 때 '첫인사'가 중요하다. 일부 패밀리 레스토랑과 초밥 전문점에서는 '메아리 인사법'이 유행이었다. 문 앞 직원뿐 아니라, 주방 직원까지 포함해서 식당 전체에 인사 에코를 만드는 것이다. 입점 고객들이 대접받는다는 느낌을 받는다. 하지만 식당의 성격과 고객의 유형에 따라 부담스러워하실 수도 있다. 자기 식당만의 입

점 인사를 만들어 직원들끼리 같이 사용하는 것도 좋다.

② 2단계는 주문받기다. 우선 잘 들어야 한다. 고객이 주문을 완료할 때까지 경청하고 기다리자. 음식 주문을 받고 주문 내용을 명확하게 다시 반복해 주면 좋다. 식당의 성격과 상황에 따라서 다르겠지만 '권유 판매'도 이 단계에서 하는 일이다. 많은 프랜차이즈 식당이 본사에서 진행하는 프로모션 행사 제품을 고정적인 멘트로 넣어서 소개해 매출을 올리려고 한다. 따라서 홀 직원은 판매 중인 메뉴에 대해 다양하고 깊은 지식이 필요하다. 그래야 고객의 질문에 쉽게 답할 수 있고 적절한 권유 판매도 가능하다. 고급식당과 대중식당의 큰 차이 중 하나는 홀 직원이 알고 있는 메뉴에 대한 지식이다.

③ 3단계는 음식과 음료 제공이다. "주문하신 000 나왔습니다. 맛있게 드세요" 이런 표준화된 직원들의 응대 매뉴얼이 필요하다. 음식이 나왔을 때 직원이 아무 말 없이 식탁에 황급히 음식을 놓고 가면 서로 민망하다. 음식의 특성이나 음식을 먹는 방법 등을 간단히 설명해 주는 것도 방법이다. 마지막 4단계는 환송이다. "안녕히 가세요", "감사합니다. 다음에 또 뵙겠습니다" 이런 멘트들이 필요하다. 고객들은 식당의 마지막 인상을 오래 기억한다고 한다. 3단계와 4단계 사이에서 상황에 따라 음식은 괜찮은지 가서 물어보거나, 빈 반찬이 있으면 채워

주는 중간 서비스가 있다면 좋다. 식당의 성격에 따라 4단계를 변형한 응용이 가능하다.

청결 매뉴얼을 만들라

QSC-V의 마지막은 Cleanliness청결이다. Value가치에 대해서는 앞 장에서 설명했으므로 이번 장에서는 생략하고자 한다. 음식점에서 청결이 중요하다는 것은 아무리 강조해도 부족하지 않다. 청결을 통해 질병을 예방하고 건강을 유지하기 위한 활동을 위락 위생이라고 한다. 세계보건기구WHO는 "식품위생이란 식품의 위생, 생산 또는 제조로부터 최종적으로 사람이 섭취할 때까지 이르는 모든 단계에서 식품의 안정성, 건전성 및 오염방지를 확보하기 위한 모든 수단"이라고 정의한다. 우리나라 식품위생법에서도 식품 위생을 "식품, 첨가물, 기구 및 용기와 포장을 대상으로 하는 음식물에 관한 위생"이라고 정의한다. 즉 식당에서는 식품의 전 과정에서 발생할 수 있는 오염 요인을 막고, 손님이 음식을 먹고 몸이 아프지 않도록 관리해야 한다.

① 손 씻기

식품 위생의 시작은 올바른 손 씻기에서 시작한다. 우리 손에는 엄청나게 많은 세균이 있다. 손 세척은 식중독 사고를 예방할 수 있는 가장 중요하고 효과적인 방법이다. 손은 출근하고, 화장실 다녀오고, 흡

연 후, 청소나 전처리 작업 이후에도 수시로 씻어야 한다. 온수로 손부터 팔꿈치까지 물에 적셔 먼지를 제거하고 거품을 내서 꼼꼼하게 씻는다. 전에 근무하던 외식 기업에서는 '텐-텐-텐 위생 캠페인'을 했다. 10손가락을, 하루에 10회 이상, 10초 이상 닦자는 운동이다. 어느 외식 회사에서는 레스토랑 근무자들이 30분마다 무조건 손을 씻도록 규정하고 있다.

텐텐텐 캠페인

10손가락을, 하루에 10회 이상, 10초 이상 닦자는 운동.

② 식품위생법

식당에서는 식품위생법을 잘 알고 준수해야 한다. 식품위생법이란 식품 위생에 해가 되는 것을 방지하기 위해 제정된 법이다. 식당에서 지켜야 할 핵심적인 규범이다. 중요한 관리 포인트는 1) 온도 관리 2) 보관 온도 3) 유통기한 4) 한글표시사항 5) 위생 교육 6) 보건증 관리 등이다. 식재료는 법적 온도 기준에 따라 냉장식품은 0~10℃, 냉동식품은 -18℃ 이하에서 관리해야 한다. 가공식품은 한글표시사항에 기재된 보관 방법을 준수해야 한다. 모든 가공식품은 유통기한이 표기되어 있다. 식품은 유통기한 내에서만 사용해야 한다. 식당에 근무하는 직원들은 매년 위생 교육을 받아야 한다. 수료증과 확인서를 보관해야 한다. 직원들의 보건증 관리도 중요하다. 식당 직원들은 타인에게 위해를 끼칠 우려가 있는 질병이 있는지 검사를 받은 후에 일할 수 있다. 식당에서 보건증 관리가 부실한 경우 과태료 대상이다.

작은 가게라도 반드시 브랜드화하라

브랜드란 경쟁사와 차별화된 나만의 제품과 서비스, 가치 등을 제공해 주는 것이다. 브랜드라는 단어는 노르웨이 고어 'brandr낙인을 찍다'에서 유래되었다고 한다. 주인이 불에 달군 인두로 가축에 불도장을 찍어 자기 소유 가축임을 식별했던 것이다. 19세기 산업혁명으로 인해 제품의 대량 생산이 가능해지면서, 마크는 식별 기능에서 표시 기능으로 변화하기 시작했다. 셀 수 없을 만큼 다양한 기업과 제품들 사이에서 소비자들이 쉽게 구분하고 구매할 수 있도록 보여 주는 것이다. 오늘날 브랜드는 제품의 품질을 보증하는 신용이나 신뢰 등의 무형 자산으로도 인정받고 있다. 미국 마케팅 학회는 브랜드에 대해서 다음과 같이 정의한다. '브랜드란 이름, 용어, 기호, 상징, 디자인의 조합으로 하나 또는 일련의 제품이나 서비스를 나타내 주는 것이자, 경쟁자들의 제품이나 서비스와 차별화시켜 주는 것'이다.

이제 브랜딩은 경영의 필수요소다. 작은 식당들도 브랜딩이 필요하다. 브랜딩이라고 해서 너무 어렵게만 생각할 필요 없다. 브랜딩의 핵심은 차별화와 신뢰다. 사람들이 가방을 살 때 쇠로 붙은 문양이 하나 더 붙어 있어 불편하다고 하지는 않는다. 오히려 그 문양 때문에 훨씬 더 높은 가격을 지불하기도 한다. 브랜드 가치를 인정하기 때문이다. 식당에서 제공하는 음식, 서비스, 청결 등도 브랜드가 될 수 있다. 브랜드는 한 가지 가치만이 아니라 여러 가지 요소들이 결합된 믿음의 체계다. 남들과 똑같은 고만고만한 식당 중 하나가 아니라 뭔가 내 식당만의 차별화를 모색한다면 이미 브랜드화하고 있는 것이다.

작은 카페들이 SNS로 자신의 브랜드를 홍보하고, 샌드위치나 와플 등의 메뉴에 잘 디자인한 로고 스티커를 붙이고, 전문점으로 인식되어 대량 주문을 받게 되며 번창해 가는 모습은 흔히 볼 수 있는 사례다. 전통찻집의 노후한 이미지를 벗고 현대화하며, 그래픽 감각을 잘 활용해 기업과 콜라보한 차와 찻잔 세트 그리고 화과자류 등을 고객 사은품으로 납품하게 된 사례도 있다. 그날그날 판매에만 신경 쓰고 장기적인 브랜딩에 관심을 기울이지 않았다면 이런 성공 사례는 나올 수 없다. 아무리 작은 가게라도 사장님 자신에게는 대기업 못지않은 소중한 자산이다. 계속 브랜드를 관리해야 브랜드파워를 가질 수 있다.

17강. 불만 고객을 응대하는 LAST 법칙

외식업을 하면서 힘든 점 중 하나는 불만 고객을 대응하는 일이다. 사람이 하는 일이다 보니 실수가 있기 마련이다. 연구에 따르면 식당에서 불만을 느낀 고객 가운데 단 4%만이 실제 불만을 표현한다고 한다. 나머지 96% 고객들은 그냥 넘어가거나 다시는 안 온다는 것이다. 고객 불만 발생 시에 필연으로 받아들이고, 빠르게 문제를 해결하는 방법을 찾는 것이 좋다. 특히 최근 SNS의 활성화로 업장에서 고객 불만에 적절히 대응하지 못했을 때 온라인으로 문제가 확산되는 경우도 많다. 고객 불만이 발생하는 유형에 따라서 식당의 대처 방안과 보상 기준에 대해서 미리 정해 둘 필요가 있다.

사실 고객 응대에 정답은 없다. 고객 상황이 모두 제각각이기 때문이다. 불만 고객을 응대하는 방법은 앞에서 '상진이 어머님' 사례도 이야기했지만, 문제를 해결하는 'LAST법칙'이 큰 틀에서 도움이 될 수 있다. 식당에서 일어나는 클레임을 유형별로 분류하고, 이후 대응 방법과 보상 기준도 마련해 두면 좋다. 클레임 3W^{Who, Where, When}도 상황에 따라서 적절히 응용하면 문제 해결에 도움이 될 수 있다. 요즘은 블랙컨슈머들도 많아서, 묻지도 따지지도 않고 보상해 주기보다는 최소한 본인 식당에서 음식을 구매한 일자와 메뉴는 확인하고 대응하자. 사람이 하는 일이라 클레임을 100% 막을 수는 없다. 질질 끌수록 일은 더 커진다. 문제를 빠르게 받아들이고 신속하게 해결하자.

불만 고객 응대 프로세스

불만 고객을 대응하는 프로세스 가운데 잘 알려진 방법은 'LAST' 법칙과 함께 9단계 해결 프로세스다. Listen^{경청}, Apologize^{사과}, Solve the problem^{문제 해결}, Thank the guest^{감사}가 기본 프로세스다. 9단계 프로세스는 문제의 인식 단계^{접수-경청-사과}, 동감 및 이해 단계^{원인분석-고객 동조-방안 모색}, 해결 방법 제시^{대안제시-사과-감사 표현} 단계로 좀 더 세분화된 과정이라고 할 수 있다. 고객 불만이 발생했다면 잘 듣고, 정중한 사과를 하고, 필요한 질문을 통해 정보를 얻어 문제를 빠르게 해결해 준다. 특히 아동 동반 고객에 대해서는 아이를 먼저 걱정하는 마음과 자세가 필요하다.

불만 고객 응대 'LAST' 법칙

Listen경청,

Apologize사과,

Solve the problem문제 해결,

Thank the guest감사

9단계 프로세스

문제의 인식 단계접수-경청-사과

동감 및 이해 단계원인분석-고객 동조- 방안 모색

해결 방법 제시 단계대안 제시-사과-감사 표현

클레임의 유형 나누기

클레임 사례는 너무 다양하지만 크게 3가지 유형이 있다. 우선 제품 자체에 문제가 있거나, 서비스 응대 문제, 고객 문제다. 음식에서 머리카락이 나왔거나, 메뉴 제조가 잘못되었을 경우에는 즉각 사과하고 일정 부분 보상이 필요하다. 식당 자체적으로 보상 기준을 정해 놓을 필요가 있다. 동일한 클레임이 발생했는데 소리를 크게 내지 않은 착한 손님은 그냥 넘어가고, 목소리 큰 손님에게는 음식값을 빼주고 이러면 안 된다. 경우의 수가 너무 다양하고 상황에 맞는 융통성도 필요하지만, A 사례의 경우 음료를 서비스로 주고 B 사례의 경우 음식값을 안 받는 등 유형별 내부 기준이 필요하다.

불친절한 서비스나 계산 처리 미숙 등 고객 접점에서 문제가 발생한 경우에는 고객 불만에 대해서 빠르게 수용하고 신속한 사과와 책임 있는 모습을 보여 주는 것이 좋다. "혹시, 우선은, 고객님, 실례지만, 번거로우시겠지만, 괜찮으시다면" 이런 쿠션 언어를 잘 사용해야 한다. 우선은 잘 듣자. 말을 끊지 말고 끝까지 듣자. 사람의 외모나 나이 등으로 선입견을 갖지 말자. 내부 사정 등 구구절절한 변명을 대지 말자. 자기감정을 이입시키면 일이 더욱 커진다. 감정적 표현을 자제해야 한다. "지금까지 그런 말 한 고객님 아무도 없었네요", "아실 만한 분이 이러시면 안 되죠" "에이 농담한 건데 뭐 이런 거 가지고 그러세요" 이런 말은 치명적이다.

억지 손님 상대법

대처가 가장 힘든 부분은 고객 본인이 오해했거나, 고객 부주의로 인한 일에 억지를 부리는 경우다. 이럴 때에 응대한 직원을 다그치거나 혼내면 상처받는다. 과거에는 '손님은 왕이다' 이러면서 손님이 과도한 요구를 하거나 억지를 부려도 주인이 참고 수용하는 것이 마치 미덕인 것처럼 전해지던 시절도 있었다. 요즘은 분위기가 많이 달라진 것 같다. 사장이 직접 나서서 고객의 자존심을 해치지 않는 선에서 증거와 선례를 제시하고 해결해야 한다. 사장이 적극적으로 해결하는 모습을 보여 줘야 직원들이 스트레스를 덜 받는다.

불만 고객 3W 대처법

컴플레인은 누가, 어디서, 언제 해결할지가 중요하다. 이걸 불만 고객 3W^Who, Where, When이라고 하는 것이다. 고객이 서비스하는 직원이 마음에 안 든다고 하면 잠시 사람을 바꿔 주는 것도 방법이다. 사장 나오라고 하면 사장이 나가서 응대해 줘야 한다. 아울렛에 입점해 있는 레스토랑에서 근무할 때다. 가정 생활용품 파는 아래층에서 할인 행사를 했고 아주머니 단체 고객들이 락앤락 제품을 양손에 가득 들고 식당에 들어왔다. 뷔페식당이었는데, 직원들 시선을 피해 가면서 치킨을 계속 포장하고 있었다. 내가 테이블로 가서 "고객님 죄송합니다만, 저희 식당 음식을 포장해 가시면 안 됩니다. 외부에서 취식할 경우 식중독의 위험이……"

보통 이 정도 이야기하면 포장을 멈추는데 이분들은 강성이었다. 본인들은 건강해서 외부에 싸가서 먹어도 괜찮다는 거였다. 몇 번 실랑이 끝에 그분들이 갑자기 고객이 음식을 싸갈 수도 있지 이렇게 직원이 와서 무안을 줄 수 있냐며 되레 소리를 치시는 거였다. 내 머릿속에서 종이 울리고 흥분된 마음이 진정되지 않았다. 결국 나는 주방으로 들어갔고, 다른 직원이 응대했다. 이런 경우 잠시 서비스 직원을 바꾸는 것도 방법이다. 장소가 너무 시끌벅적하다면 조용한 곳으로 안내해

차를 대접하며 응대하면 고객 마음을 진정시킬 수 있다. 고객이 너무나 흥분한 상태여서 쉽사리 화가 풀리지 않는다면 좀 더 시간을 두고 응대하면 화가 누그러질 수 있다.

응대 언어의 종류

불만 고객을 응대하는 과정에서 "고객님 말씀도 일리가 있습디다만", "고객님 말씀 잘 들었습니다만", "고객님 말씀은 충분히 이해가 갑니다만", 이런 쿠션 언어의 적절한 사용이 유용하다. 본인을 손님의 입장으로 감정 이입해 보는 것도 좋은 방법이다. "얼마나 놀라셨겠습니까? 제가 손님 입장이었어도 많이 화가 났을 것 같습니다" 고객 불만 발생 시에 다가가서 메모하고 맞장구치거나 알아들었음을 표현한다. 눈을 마주치고 경청하고 고개를 끄덕이는 상황 연출도 때로는 필요한 것 같다.

쿠션 언어

"고객님 말씀도 일리가 있습디다만", "고객님 말씀 잘 들었습니다만",

"고객님 말씀은 충분히 이해가 갑니다만",

이런 쿠션 언어의 적절한 사용이 유용하다.

감정 이입 언어

"얼마나 놀라셨겠습니까?",

"제가 손님 입장이었어도 많이 화가 났을 것 같습니다."

메모 언어
고객 불만을 메모하면서 맞장구치거나 알아들었음을 표현

신체 언어
눈을 마주치고 경청하고 고개를 끄덕이는 것

블랙컨슈머 응대법

개인 식당에는 좀 덜하지만 여러 매장을 돌며 고의로 민원을 제기해 보상금을 요구하는 이른바 블랙컨슈머Black Consumer에 대한 대안도 필요하다. 일반 고객 불만이 접수되면 경청한 뒤 사과한다. 하지만 예를 들어 고객이 포장 음식을 먹고 탈이 났거나, 식사 후 집에 돌아가서 불만을 표출한다면 식당을 이용한 일자와 음식을 확인해서 실제 손님인지도 확인을 해 봐야 한다. 주문한 음식을 가지고 가게에 다시 방문할 것을 정중히 요청한다. 매장을 방문한 고객에게는 환불해 드리고, 동일 메뉴를 제공하면 좋다.

음식을 포장해 간 고객이 취식 후에 식중독에 걸렸다고 할 때가 참 어렵다. 이런 경우 먼저 손님 건강 상태를 걱정하고 사과는 필수다. 고객 정보를 확인하고, 주방 위생을 다시 점검하고 재발 방지를 위해서 노력한다고 이야기하자. 식중독은 짧으면 6시간 이내로, 길면 하루에서 일주일가량 잠복기를 거쳐 발병한다. 이런 점에 유의해서 손님에게 일정 부분 설명해 줘야 한다. 그리고 고객에게 병원 진료를 먼저 받고, 다시 연락 달라고 요청한다. 손님이 병원비나 치료비를 문의하는 경우도 있다. 그런 때는 우리 식당 음식으로 인한 발병인지 확인할 수 있는 진단서와 치료비 영수증, 교통비 영수증을 첨부해 달라고 하자. 치료 잘 받고 연락을 달라고 한다.

사실 음식을 먹은 직후가 아니고 며칠이 지나서 식중독이 발생하면 정확한 원인 파악이 쉽지는 않다. 그렇다 하더라도 식당에 미칠 영향을 생각해서 무작정 책임을 회피해서는 곤란하다. 설마 "우리 식당 음식을 먹고 걸렸을까" 생각하면 안 된다. 도의적인 책임을 느끼고 일정 금액이라도 보상하는 것이 좋다. 클레임 처리 가운데 이런 사례가 사실 원인을 정확히 파악하기도 어렵고 고객 응대하기도 제일 어렵다. 하지만 정확한 원인을 파악한다고 고객을 기다리게 하기보다는, 지속적인 소통을 통해서 고객이 불안을 느끼지 않게 응대해 주는 것이 좋다.

18강. 식품위생법과 매장 청소 노하우

앞에서 식품위생법에 대해서 간단히 언급했지만, 이 법은 식당 운영에 매우 중요하기 때문에 좀 더 자세히 알 필요가 있다. 식품위생법이란 식품으로 인해 인체 건강을 해치는 것을 막기 위해 정부가 제정한 법이다. 식당에서는 판매하는 음식이 썩거나 상한 경우, 식중독균이 검출된 경우, 유통기한이 지난 식재료를 보관 판매하는 경우 등이 규제 대상이다. 위반 사례와 횟수에 따라서 식당에 시정 명령, 일시 영업 정지, 심하면 식당 폐쇄도 가능한 법이다. 식당 사장이라면 꼭 숙지해야 할 법이다.

음식을 파는 식당에서 청결과 위생을 강조하는 것은 너무나 당연한 일이다. 고객들의 입으로 들어가는 식품을 관리하는 사람으로서 식품

위생법의 핵심 내용은 꼭 알아야 한다. 식품은 기준 온도에 맞게 관리해야 한다. 식품에 기재된 한글표시사항에 적힌 내용을 잘 숙지하고 판매 관리해야 한다. 먼저 제조된 식품을 먼저 사용하는 선입 선출은 식품 관리에서 필수다. 식당에 근무하는 직원들의 위생 교육과 보건증도 기간에 맞춰서 갱신 관리해야 한다. 그 밖에도 다른 주방 기물이나 주방 공간을 정기적으로 철저하게 청소해야 한다. 이런 다양한 식당 청결 활동의 기초가 되는 것이 바로 정리 정돈이다. 필요 없는 것은 과감히 버리고, 필요한 물건은 바로 찾아서 쓸 수 있을 때 식당 업무의 효율이 올라간다.

위생과 공무원이 방문하면

우선 위생과 공무원이 식당을 방문하면 지적 사항을 꼼꼼히 메모하고 시정 가능한 것은 바로 개선한다. 점검받는 동안 예의 바르게 대응한다. 공무원이 점검 방문을 하면 보통 필요 구비 서류를 먼저 확인하고, 주방 위생을 점검한다. 서류 점검은 영업 신고증, 보건증 근무 직원들의 건강 검진 기록, 근로 계약서, 위생 교육 필증, 종업원 위생 교육 내역을 살펴본다. 식재료의 수불 현황을 보기 위해서 거래내역서나 원산지 증명서도 확인한다. 식당 방역 필증도 준비해야 한다. 주방 점검은 유통기한 준수와 한글표시사항 관리를 최우선으로 확인한다. 식당 냉장·냉동고 온도가 정확한지, 식품 보관 온도를 준수하고 있는지도 점검한다.

식품 원산지 일치 여부, 식재료 관리상태뿐 아니라 식당 전체의 청결 상태도 점검한다.

식품위생법의 3가지 핵심 내용

식품위생법은 식당 운영 관점에서 크게 3가지 핵심 영역의 관리가 중요하다. 첫째는 온도 관리, 둘째는 유통기한과 한글표시사항 관리, 마지막은 위생 교육과 보건증 관리다. 온도 관리부터 보자. 냉장·냉동 고 내부에 온도계를 설치해서 온도를 정기적으로 확인해야 한다. 기계 이상으로 기준 온도 이탈 시 조치해야 한다. 식품위생법상 시설 기준에 의해서 냉장·냉동 시설이 없거나 제대로 가동을 안 하면 1차로 영업정지 15일부터 시작한다. 식품 원료 가운데 변질되기 쉬운 것을 냉동·냉장 시설에 보관하지 않는 것도 과태료 대상이다. 가공식품은 식품 보관 및 운반 시에 지켜야 할 기준 온도가 정해져 있다. 이를 법적으로 준수해야 한다.

① 온도

냉동식품은 −18℃ 이하에서 보관해야 한다. 냉동고 내부 온도는 −19℃에서 −20℃로 맞춰 놓자. 냉장·냉동고 온도는 문을 여닫으면서 조금씩 올라가게 되어 있다. 냉동식품을 해동하기 위해 밖에 꺼내 놓을 경우 따로 라벨 등으로 표시해 놔야 한다. 해동 중 표시가 없으면 이것도 위생점검 적발 시 시정명령 대상이다. 냉장 식품의 보관 온도는 0℃에서 10℃다. 하지만 안전하게 냉장고 온도를 2~3℃가량으로 맞춰 두는 것이 좋겠다. 상온 제품은 15~25℃, 실온 제품은 1~35℃라는 것도 상식적으로 알아두자.

② 식자재 유통기한 관리

다음은 식자재 유통기한 관리다. 유통기한은 제조일로부터 소비자에게 판매가 허용되는 기간을 의미한다. 물론 유통기한이 지났다고 해서 무조건 유해한 식품은 아니다. 개인 음식점 사장님 가운데 식품의 유통기한이 지나도 아까워서 못 버리시는 분이 많다. 과감하게 버려야 한다. 유통기한이 지난 식품을 보관 조리하면 법적 제재 대상이다. 식품 유통기한 관리의 핵심은 선입 선출이다. 먼저 들어온 식재료를 먼저 쓰고, 나중에 들어온 제품은 나중에 써야 한다. 창고 정리를 할 때 특별히 식품의 한글표시사항과 유통기한이 정면에 보이도록 식재료를 정렬하고 철저하게 먼저 들어온 것을 먼저 쓰는 습관을 들여야 한다.

③ 한글표시사항 부착 확인

식당에서 한글표시사항이 제대로 부착 안 된 식품을 판매하는 것도 위법이다. 한글표시사항에는 표시해야 할 정보가 모두 기재되어 있어야 한다. 제품명, 식품의 유형, 업소명 및 소재지, 제조일자, 유통기한 또는 품질 유지 기간, 보관 방법, 내용량, 원재료 성분명 및 함량 정보다. 입고되는 식재료의 표기사항을 잘 확인하고 관리해야 한다. 식품위생법 27조에는 식당에 근무하는 종업원은 매년 위생 교육을 받게 되어 있다. 위생 교육 미진행 시 영업자나 종업원 모두 과태료를 받을 수 있다. 또한 식당에서는 근무하는 모든 직원의 건강진단서인 보건증을 갖고 있어야 한다. 1명이라도 없으면 과태료 대상이다. 접수증으로 대체가 안 된다.

주방 도구 청결 관리 노하우

그 밖에도 주방 조리 기구도 청결하게 관리해야 한다. 식품을 취급할 때 다른 식품, 사람의 손, 도마, 음식 기구에 접촉 및 사용으로 교차 오염이 될 수 있다. 도마는 육류와 생선, 채소 등 식품 종류에 따라 각각 다른 도마를 써야 한다. 예를 들어 야채와 과일은 초록색 도마, 고기는 붉은색 도마로 구분해 사용한다. 칼도 마찬가지로 육류, 생선, 과일, 야채 등으로 용도를 구분해서 써야 한다. 도마는 사용 후에 반드시 세척해야 한다. 칼도 사용 후에 열탕이나 염소 소독을 하면 좋다. 일반적으로 식당에서는 영업 마감 후에 락스와 물을 희석해서 도마와 가위, 칼 등을 담가 두고 다음 날 아침에 꺼내 쓰기도 한다.

더러워지기 쉬운 하수 배관 시설도 잘 소독 관리해야 한다. 최소한 주 1회는 트렌치 뚜껑을 들어 올려 배수로 내부와 뚜껑을 닦는다. 중성세제로 구석구석 세척한다. 흐르는 물로 세척 후에 청소하고 소독제로 소독한다. 소독제는 락스를 희석해서 사용한다. 집수조 덮개도 열어 거름망 내 음식물을 폐기한다. 거름망과 유수분리관을 분리해 세척한다. 주방 청소 후에 중요한 것은 반드시 고무 밀대로 바닥 물기를 제거해야 한다. 'Dry Kitchen'은 우리나라뿐 아니라 전 세계 주방 청소의 가장 기본이다.

냉장·냉동고 청소도 정기적으로 해야 한다. 저장고 청소가 제대로 안 되면 여러 종류의 박테리아와 세균에 식품이 노출된다. 청소 시에 연마제나 석유, 벤젠, 신나 등을 사용하면 기기에 치명적 손상을 입힌다. 절대 사용해서 안 된다. 성에가 낀 얼음을 깨겠다고 망치나 드라이버, 뜨거운 물을 부어 제거하려고 하면 안 된다. 우선 보관 중인 식재료를 신속하게 다른 곳에 보관한다. 전원 콘센트를 뽑는다. 냉장·냉동고 문을 열고 환기를 시켜 내부 성에를 제거한다. 성에가 녹은 물은 아래 배수관으로 빠져나간다. 잔여 수분은 마른걸레로 닦아 낸다. 콘센트를 꽂고 다시 전원을 켠다. 제상 기능이 있는 냉동고는 1일 2회 정도 자동으로 성에가 제거된다.

Dry Kitchen
전 세계 주방 청소의 가장 기본
주방 청소 후에 고무 밀대로 바닥 물기 제거

정리 정돈 상태를 보면 그 가게를 안다.

정리 정돈은 이런 모든 식당에 청결 활동의 근간이 된다. 정리 정돈이란 혼란한 상태에 있는 것을 바로 잡아 질서 있는 상태로 만드는 것이다. 깨끗하게 정리된 근무 공간은 직원들을 유쾌하게 하고 일의 능률을 높인다. 정리는 불필요한 것을 제거하는 것이다. 항상 주변을 깨끗이 하고 필요 없는 것은 계속 버려야 한다. 정돈이란 필요한 것을 필요한 때에 바로 사용할 수 있게 하는 것이다. 사용한 것을 바로 제자리에 놔야 한다. 저장고를 정리 정돈할 때는 식자재의 청결 상태를 유지해야 한다. 캔 제품은 철가루 등이 묻어 있을 수 있어 위를 닦아 줘야 한다. 식재료는 절대 바닥에 놓지 말자. 바닥에서 최소 15cm 이상 높은 곳에 보관해야 한다.

부록

작은 가게 사장님도 국제 식품 박람회에 가 봐야 하는 이유

식당 및 외식업 경영자라면 국내외에서 정기적으로 개최되는 식품 박람회에 방문해 보는 것이 좋다. 우리 같은 작은 가게에서 해외 박람회라니? 너무 거창하게 여겨질 수 있겠지만 생각을 바꾸면 기회는 만들 수 있다. 가족 해외 여행지를 박람회 일정과 맞추거나 요즘은 온라인으로 생생하게 현장 체험하듯 참여할 수도 있다. 그리고 국내에서도 국제 식품 박람회를 개최하니, 굳이 해외에 가지 않아도 참석이 가능하다.

작은 가게 사장님이라도
국제 식품 박람회에 참석하는 것이 좋다.
"이렇게 작은 가게 하면서 무슨 식품 박람회요?"
"한식당하는 사람이 해외 박람회를 왜요?"
"하루하루 고달픈데 무슨 식품 박람회?"

국내에서는 매년 봄에 일산 KINTEX에서 개최하는 서울 국제 식품 산업대전Seoul Food Exhibition이 가장 유명하고 크다. 국내 유수의 식품 제조 유통사뿐 아니라 한국 시장에 관심 있는 해외의 주요 식품 제조 유통 업체들이 많이 참가한다. 격년에 한 번씩 개최되는 파리 국제 식품 박람회Paris SIAL와 독일 쾰른 식품 박람회 ANUGA는 해외 식품 전시회 가운데서 가장 큰 규모와 명성을 자랑한다. 그 밖에도 일본 국제 식품 박람회Foodex Japan와 태국 식품 박람회Thaifex도 고유한 특색이 있어 국내 식품 구매자들에게 인기 있는 박람회다.

식품 박람회에 참여하면 식품 업계 최근 동향도 느낄 수 있을뿐더러 최근 유행하는 외식 트렌드와 다양한 식재료 공급 업체에 대한 정보 등을 폭넓게 얻을 수 있다. 식당 내부 영업에만 집중하다 보면 외부 시장 동향이나 특히 공급 업체에 대한 정보에 둔감해질 수 있다. 식당은 보통 한 거래처를 처음 정하면 꾸준히 거래하는 경우가 많은데, 꼭 나쁘다고 할 수는 없지만 시장 상황에 따라 융통성 있게 대응하기 어려울 수 있다. 식품 전시회에 나온 B2B 전문 식재료 업체들도 요즘에는 대부분 온라인 경로를 통해 소량 판매도 많이 해서, 상담에 너무 부담을 가질 필요는 없다.

전시명	기간	장소
서울 국제 식품 전시회	2023년 5월 30일~6월 2일	일산 KINTEX 전시관
서울 Cafe Show	매년 10월~11월경 개최	강남 COEX 전시관
프랑스 파리 식품 전시회 SIAL	2022년 9월 15일~19일 개최	Porte de Versailles
독일 쾰른 식품 전시회 ANUGA	2023년 10월 7일~11일 개최	Messengelaende Koeln
태국 방콕 식품 전시회 Thaifex	2023년 5월 23일~27일 개최	IMPACT
일본 도쿄 식품 전시회	2023년 3월 7일~10일 개최	마쿠하리 멧세 전시관
베트남 호찌민 식품 박람회	2023년 8월 (일정 미정)	SECC 전시관

요즘에는 인터넷 정보가 워낙 풍부해서 식재료 공급자에 대한 탐색이 과거에 비해 많이 용이해졌다. 또한 식품 박람회에 가면 주방 기구나 용품, 컵이나 비닐, 그릇, 위생용품, 부자재 업체들도 많이 나오기 때문에 여러모로 외식 경영에 도움이 될 정보를 많이 얻을 수 있다.

작지만
강한 식당들의
특별한 시크릿

혜화동버거 * 백성수대표

주소: 서울 종로구 동숭3길 6-4 1층 혜화동버거

대표 메뉴: 도넛 치즈 버거, 도넛 치킨 버거,

혜화동 치즈 버거, 클래식 치즈 버거

> 노하우1> **특별한 메뉴, 도넛버거**
> 노하우2> **힘들 땐 차라리 영업일 수를 줄이기**
> 노하우3> **일식집 분위기의 햄버거집**

Q '혜화동버거'가 갖고 있는 핵심 강점은 무엇이라고 생각하나요?

A 저는 메뉴라고 생각합니다. 저희 레스토랑 대표 메뉴인 '도넛 버거'는 전국 어디에서도 찾아볼 수 없는 차별화된 메뉴입니다. 과거에 KFC에서 팔다가 지금은 없어졌습니다. '도넛 버거' 메뉴로 여전히 사랑받고 있는 곳은 우리밖에 없다고 생각합니다. '메뉴 차별화'가 우리 식당의 장점이라고 봅니다. 인테리어의 느낌도 좀 다릅니다. 보통 많은 수제 버거 매장이 미국식 콘셉트의 인테리어를 주로 합니다. 하지만 저희 가게는 동양적인 느낌, 클래식한 분위기가 강합니다. 저희 매장에 오신 고객 가운데 일식집에 들어온 것 같다고 말씀하시는 분도 있습니다. 같은 범주의 개인 식당들이 분위기가 서로 비슷하면 두 번 다시 가지 않습니다. 매장이 특별하고 재미있는 느낌을 주는 것이 우리 매장의 장점

이라고 생각합니다.

Q. 코로나 시기를 지나면서 정말 많은 식당이 문을 닫았는데, 부침이 심한 수제 버거 시장, 특히 대학로 상권에서 '혜화동버거'가 살아남을 수 있었던 비결이 있었을까요?

A. 일단 저희가 잘 버틸 수 있었던 이유는 '혜화동버거'가 대학로 상권에서 코로나 이전에 이미 자리가 잡혀 있었기 때문이라고 생각합니다. 가게 인지도가 없는 상태에서 코로나를 맞이했다면 쉽지 않았을 것입니다. 저희가 올해로 오픈한 지 6년 차입니다. 코로나 때문에 많이 힘들기는 했지만, 이전에 방문하셨던 고객들이 잊지 않고 찾아와 주신 덕분이라고 생각합니다. 두 번째는 **위기 상황에서 원칙을 지켰기 때문이라고 생각합니다.** 저희는 고객이 줄고 매출이 빠져도 식재료 원가나 인원에 손을 대지 않았습니다. 서비스 수준도 일정 수준 이상 유지하려고 했습니다. 레스토랑 운영하는 데 필요한 기본적인 원칙과 타협하지 않았습니다.

제품과 서비스 품질을 낮추는 것 대신 저희는 영업일을 차라리 줄였습니다. 유입 고객이 너무 없어서 모두가 너무 힘들 때는 주말에만 영업을 했습니다. 그래도 다행히 기본적인 운영이 가능했습니다. 그러다가 매출이 조금씩 나오면서 영업 일수를 늘려 갔습니다. 이런 과정에서도 제품 품질을 일정하게 유지했던 점이 고객 만족도를 높여 버틸 수 있었던 것 같습니다.

_혜화동버거

Q. 외식사업은 '사람 사업'이라고 할 정도로 직원 관리가 중요한데, 혹시 대표님만의 비결이 있으신가요?

A. '능력에 맞게 대우하고 원칙과 기준을 지킨다'입니다. 어떻게 보면 사람에 따라 나쁘게 들릴 수도 있습니다. 많은 개인 레스토랑에서 관행처럼 식당 상황에 따라 직원 급여를 측정하는 경우가 많습니다. 인원이 부족해 급하게 사람이 필요하면 돈을 더 줍니다. 식당 인원에 여유가 있거나 사람 구하기 쉬운 환경이면, 설사 직원이 일을 잘해도 돈을 적게 줍니다. 이런 관행이 결국에는 팀워크에 문제를 일으킵니다. **꾸준히 잘하는 직원들은 급여를 계속 올려 줍니다. 특정 기간에 잘한 친구에게는 따로 인센티브를 줍니다.** 물론 매장 영업이 잘 안될 때는 인센티브가 없지만, 장사가 잘될 때는 인센티브 금액도 높습니다. 직원을 관리하는 매니저에게도 별도 인센티브를 줍니다. 직원들 관리는 관리자

에게 위임합니다. 사장이라는 직함으로 직원들에게 접근하기보다는, 같은 직원의 위치에서 직원에게 접근했을 때 서로 간에 유대감도 크고 할 수 있는 이야기도 많다는 것을 식당을 하면서 깨달았습니다.

렁팡스 * 김태민 대표

주소: 서울 종로구 경희궁길 36 3층

대표 메뉴: 프랑스 음식. 돼지 등심스테이크, 올리브튀김,

엔다이브, 머쉬룸파스타,

노하우1〉 **차별화된 프랑스 가정식 메뉴**
노하우2〉 **남들이 배달, 포장할 때 방문 고객에게 집중**
노하우3〉 **조화롭게 오래가는 식당 브랜딩**

Q. 렁팡스에 대해서 간단히 소개 부탁드립니다.

A. 렁팡스는 프랑스 가정식을 추구합니다. 가정식Bistro 식당답게 프랑스 요리지만 너무 어렵지 않으면서도 다른 곳에서는 쉽게 볼 수 없는 저희 레스토랑만의 새로움을 음식에 담으려고 노력합니다. **보여주기식 요리보다는 손님 입장에서 메뉴를 구성해서 요리하고 있습니다.** 여러 가지 단품 메뉴를 제공하며 와인과 맥주 등을 같이 판매하는 식당입니다. 2016년에 처음 성수동에 가게를 오픈했고, 최근 2022년 6월 말에 광

화문 근처로 자리를 옮겼습니다.

Q. 성수동이 뜨기 전부터 렁팡스는 이미 지역에서 유명 식당이었는데, 렁팡스에게 코로나는 어떤 의미였는지 궁금합니다.

A. 고민의 시간이었습니다. 고객 만족도와 직원들의 근무 환경을 어떻게 조화롭게 유지할 수 있을까 많이 고민했습니다. 정말 많은 것이 변했고, 앞으로 상황이 불투명한 현실 속에서 어떻게 해야 좀 더 오래 버틸 수 있을까 생각을 많이 했습니다. **많은 식당이 코로나가 터지고 배달이나 포장 등에 집중해 매출을 다각화하는 방향으로 접근했는데 저희는 반대로 방문 고객에게 더욱 집중했습니다.** 우리 식당 본질이 배달이나 포장을 하는 음식이 아니었습니다. 단기적인 매출보다 장기적으로 고객 만족도를 유지하는 것이 더 중요하다고 생각했습니다. 고객에게 초점을 맞춰 집중한 것이 코로나 시기를 잘 이겨 냈던 이유 같습니다.

Q. 식당은 폐업률이 유난히 높은 업종 중 하나인데, 식당 성공에 중요한 것이 뭐라고 보세요?

A. 식당이나 카페, 모든 외식업에서 중요한 것은 '조화'라고 생각합니다. 여러 가지 요소가 조화를 이루는 게 중요하다고 봅니다. 요즘 음식은 당연히 맛있고, 서비스도 좋아야 하고, 인테리어도 잘해 놔야 하며 홍보도 신경 써야 합니다. 여러 가지 포인트를 세밀하고 조화롭게 조정하

며 챙겨야 합니다. **식당 사장의 의사결정이 중요한 것 같아요.** 어떤 의사를 결정할 때 장기적으로 레스토랑에 도움이 되는 방향으로 결정해야 하며 그런 결정이 꾸준히 쌓여갈 때 좋은 식당이 될 수 있다고 생각합니다. 렁팡스가 너무 튀지 않으면서도 정체되어 있지 않은, 가끔은 톡톡 튀면서 살아 있구나, 하는 느낌을 고객들에게 줬으면 좋겠습니다. 지루하지 않으면서도 조화롭게 오래가는 식당 브랜드를 만들고 싶습니다.

_렁팡스

Q. 식재료 구매는 어떻게 하시나요?

A. 주요 식재료 카테고리 군별로 전문 업체에서 별도 구매하고 있습니다. 대기업 종합 식재료 공급업체 시스템은 발주 마감 시간이나 배송 시간 등이 정해져 있어서 개인 레스토랑에서 현장 상황에 맞게 탄력적으로 대응하기에는 어려움이 좀 있습니다. 식재료를 공급해 주시는 협력업체 사장님들과 정보 교환을 통해 메뉴 아이디어를 얻기도 합니다. 실제로 저희 식당 대표 메뉴인 뼈 등심 스테이크도 육류 업체에서 제

안해 준 부위였습니다. 고기를 공급해 주시는 사장님이 맛은 좋은데, 부위가 알려지지 않아 소비가 없다며 테스트해 달라고 요청해서 개발한 메뉴입니다. 지금은 토마호크, 돈마호크 스테이크로 시장에 많이 알려졌지만 6년 전만 하더라도 생소한 부위였습니다. 이마트, 경동 시장도 자주 가고 마켓컬리에서 식재료 검색도 많이 합니다.

Q. 식당 창업을 준비하시는 분들에게 줄 수 있는 조언이 있을까요?

A. 너무 조급하게 창업을 하지는 말았으면 좋겠습니다. 가게 오픈 1년 늦춘다고 대세에 크게 지장 있지는 않습니다. 여러 형태의 현장 경험을 미리 해 보는 게 도움이 될 것 같습니다. 결국은 '사람'이 제일 중요한 것 같아요. 라면 하나를 끓여도 사람마다 제각각 맛이 다릅니다. 메뉴나 서비스도 결국 사람이 어떻게 운영하느냐에 달려 있습니다. 기술보다 인성이고 꾸준히 길게 보고 가야 합니다. 사장 입장으로 큰 틀에서의 사람 관리 기준이 필요하지만, 사람들은 각자 다른 개성과 특성이 있습니다. 사람마다 원하는 것이 모두 다르기 때문에 직원 개인이 무엇을 원하고 앞으로 무슨 계획이 있는지 파악해서 팀워크를 만드는 게 식당 사장의 핵심 역할이라고 생각합니다.

다로베* 조영지 대표

주소: 서울 성동구 왕십리로11길 7 1층

대표 메뉴: 이탈리아 음식 _ 다로베피자, 포르치니크림파스타, 카프레제, 풍기바질페스토 외

> 노하우1> 대표 메뉴에 집중하고 전문성 강화
> 노하우2> 품질 최우선으로 브랜드 관리
> 노하우3> 최종 이익은 낭비 제거에서 나온다

Q. 다로베는 일부 유명 연예인들의 인생 맛집으로 방송에 몇 번 소개될 정도로 유명한 레스토랑이었기 때문에 코로나로 인한 타격이 좀 덜했을 것 같은데 어떠셨나요?

A. 아닙니다. 너무 힘들었습니다. 레스토랑 확산 시점이 좀 안 맞았습니다. 6년 전에 시작한 다로베 성수 1호점의 성공을 발판으로 2019년 초 다로베 2호점을 청담동에 열었고, 이후 성수동에 3호점 격인 스페인 식당도 열었지만 결국 코로나 시기를 지나며 2개 지점은 현재 운영하고 있지 않습니다. 스페인 식당은 '타파스바' 콘셉트의 레스토랑이었는데 처음에는 꽤 잘되다가 코로나로 인한 영업시간 제한 때문에 힘들어졌습니다. 다로베 청담점도 차승원의 인생 맛집으로 방송에 소개되고 '맛있는 녀석들' 프로를 타면서 잘나갔지만, 코로나 타격을 피해갈 수는 없었습니다.

Q. 밀키트 개발은 어떻게 시작하시게 된 건가요?

A. 브랜드를 유지해 나가야 한다는 생각이 컸던 것 같습니다. 오프라인 매장에서 여러 가지 예상치 못한 일을 겪다 보니 우리 브랜드가 고객에게 잊히는 것은 아닌가 하는 두려움이 있었습니다. 기존에 여러 백화점이나 쇼핑몰에서 저희 식당 브랜드의 입점 제안도 많이 받았습니다. 하지만 우리만의 색깔을 가진, 작지만 강한 브랜드의 명맥을 유지하는 데 적합하지 않을 것 같아서 거절해 왔습니다. 처음 밀키트 개발 제안을 받고 생각했던 것도 품질을 최우선으로 하고 우리 브랜드 가치를 높일 수 있도록 개발하자는 마음이었습니다.

개발 과정이 쉽지는 않았습니다. 저희 제품은 공장에서 대량으로 찍어 내는 제품이 아니고 직접 사람이 한 개씩 구워 내서 생산하고 있습니다. OEM이라고 하지만 사람 교육에 시간과 에너지를 많이 썼습니다. 우여곡절 끝에 올해 5월, 피코크를 통해 '다로베 칼초네 카프리초사'와 '다로베 칼초네 5치즈' 피자 2종을 출시했습니다. 다행히 반응은 좋아 잘 나가고 있습니다.

Q. 브랜드에 대해 아끼시는 마음이 강하게 느껴지는데요. '다로베'가 앞으로 어떤 브랜드로 성장하길 바라시나요?

A. 저는 '우레옥' 같은 브랜드로 키우고 싶습니다. 부모와 어린아이들이 함께 행복한 식사를 합니다. 시간이 지나고 아이들이 점차 자라면서도

233 　　　　　　　　　　　　　　　　　　　　　　　　　　**부록**

그 입맛과 추억을 기억해 다시 식당에 찾아올 수 있는, 오래오래 장수하는 식당이 되고 싶습니다. **요즘 '노키즈 존' 식당이 많은데, 저희는 '웰컴 키즈' 식당입니다. 식당 브랜드는 어릴 적부터 먹던 맛에 길이 든 고객들이 크게 키워 주시는 것 같아요.** 브랜드의 시간이 쌓여서 나중에 계속 가고 싶은 장소가 되는 것이 목표입니다. 요즘 많은 식당에서 SNS 홍보도 많이 하는데 주인이 아무리 맛있다고 올려 봐야 크게 의미 없다고 생각합니다. 진정한 마케팅은 고객이 스스로 홍보하는 것이라고 생각해요.

Q. 외식업을 준비하는 초보 창업자나 기존 식당 운영자들에게 조언하고 싶은 내용이 있으실까요?

A. 우선 초보 창업자는 자기 아이템에 자신감을 갖는 게 매우 중요하다고 봅니다. 일본 시장 사례를 보더라도, **우리나라 외식시장은 앞으로 갈수록 소형화, 전문화될 것으로 봅니다. 메뉴를 단순화해야 합니다.** 대표 메뉴에 집중해야 합니다. 고객들이 메뉴 고르는 시간을 단축해 줘야 합니다. 대부분 고객들은 그 식당의 대표 메뉴를 먹기 원합니다. 메뉴를 여러 가지 늘어놓는 것은 대표 메뉴에 자신감이 없어서 그런 것도 분명 있습니다. 내 메뉴에 확신이 있어야 주변 환경 변화에 흔들리지 않습니다. 대표 메뉴에 집중하고 전문가가 되는 것이 가장 빠른 길이라고 생각합니다.

기존 운영자들은 비용 부분에도 신경을 써야 이익이 많이 남는다는 것을 다 알고 계실 겁니다. 얼마 버는지 매출에만 신경을 쓰다 보면 사실 앞에서 벌고 뒤에서 손실되는 금액이 생각보다 많다는 것을 알게 됩니다. 세금 지식, 인건비 관리, 식재료 폐기와 같은 비용 문제를 세밀하게 관리하지 못하면 정작 중요한 이익을 많이 내기 힘들다고 생각합니다.

어마어마한
성공케이스도
남의 일만은 아니다

전국의 호떡장인을 찾아다녔던 호떡사장님의 성공기

남포동 찹쌀 씨앗호떡 고석원 대표

주소: 강원도 속초시 중앙로129번길 62

  속초종합중앙시장에 가면 유명 닭강정과 함께 호떡으로 손님을 길게 줄 세우는 곳이 있다. 대기 시간이 20~30분은 기본이며 줄이 길 때는 10m 이상 이어진다. 조그만 평수 매장에서 주말에는 하루 250만 원, 평일에는 60만 원 이상 매출을 올린다. 주말 하루에만 호떡을 2천 개 이상 판매하는 것이다. 고석원 대표는 한 개 1200원짜리 호떡을 팔아 불과 8년 만에 40억 원이라는 재산으로 불렸다고 한다. 장사를 통해 모은 종잣돈을 이용해 틈틈이 진행한 부동산 투자도 성공을 거둬 단 기간 내에 자산을 키우는 데 도움이 된 것이다.

호떡맛의 3대 포인트: 40분 찹쌀 반죽, 10가지 속재료, 굽는 방식

  가게에서 주로 판매하는 것은 '씨앗호떡'이다. 씨앗호떡은 부산 남포동 먹자골목에서 1980년대에 탄생했다. 몇 년 전 '1박2일' 예능프로그램에서 소개되면서 전국적으로 유명해졌다. 호떡 맛의 비결은 반죽, 속재료, 굽는 방식으로 결정된다. 석원씨 가게의 호떡 반죽에는 찹쌀이 들어가 있다. 품질 좋은 강원도 고성 찹쌀을 사용한다. 찹쌀이 들어간 반죽 덕분에 쫄깃한 식감으로 맛이 극대화된다. 반죽 속에 밀가루와 함께 가격이 제법 나가는 아몬드 가루도 넣는다고 한다. 호떡 속 2차 재료의 구성은 땅콩, 해바라기씨, 건포도, 계핏가루, 설탕 등 10여 가지 재료가 포함되어 있다.

고대표의 가게가 다른 가게와 다른 가장 큰 차이점은 호떡을 굽는 방식이다. 그는 일반 콩기름이 아니라 마가린을 녹인 기름에 튀겨 내는 방식으로 만든다. 일반 호떡은 반죽에 설탕과 시럽 등을 넣고 기름을 두른 팬에 구워 내어 제공하는 방식이다. 하지만 씨앗 호떡은 1차 재료인 설탕을 투입해 튀기듯 구워 내고 호떡 속을 갈라 2차 재료인 10가지 견과류 원료 등을 투입한다. 1차 재료인 설탕의 단맛을 조절하기 위해 황설탕과 흑설탕을 혼합해 사용한다. 가게가 워낙 매출이 좋다 보니 호떡을 만드는 데 큰 통으로 하루 열네 통 가량의 반죽이 필요하다고 한다. 하지만 그는 한 번에 반죽을 다 만들지 않는다. 산패가 일어나지 않게 40분 단위로 반죽을 새로 만드는 것이 맛있는 호떡의 품질을 유지하기 위해 그가 지키는 원칙이다.

호떡 장인 3명을 찾아가다

고 대표는 호떡 장사를 하기로 마음먹고 부산에서 가장 유명한 호떡 장인을 찾아갔다. 그는 큰 비용을 지불하고 호떡 제조 기술을 전수

받았다. 그는 반죽을 일정한 모양으로 떼어 동글동글한 호떡을 완벽하게 만들어 내는 장인의 모습을 옆에서 지켜보고 본인도 금세 만들 수 있을 것이라고 생각했지만 쉽게 익혀지지 않았다. 호떡을 한 번도 만들어 보지 않은 사람이 A급 레시피를 구했다고 짧은 시간 안에 완벽한 제품을 뚝딱뚝딱 만들어 낼 수는 없는 일이었다. 그는 두 번째 호떡 스승을 찾아갔다.

산패가 일어나지 않게 40분 단위로 찹쌀 반죽 만들기
10가지 견과류를 담는 속 재료
마가린을 녹인 기름에 튀겨내는 방식

두 번째 선생님은 식품 연구소 출신의 음식 연구가였다. 그는 속재료에 다양한 원료를 배합해 호떡 맛을 복합적으로 낼 수 있는 방법을 알려 주었다. 그는 두 분의 스승에게 배운 지식을 바탕으로 드디어 시장에서 호떡 장사를 시작했다. 가게를 처음 열고 초기에는 '오픈빨'로 장사가 제법 잘되다가 얼마 지나지 않아 매출이 꺾였고 자신의 부족함을 깨닫게 되었다고 한다. 그는 세 번째 스승을 찾아 나섰다. 시장에서 아버지에 이어서 자신까지 2대째 호떡을 만들어 온 장인이었다. 그는 고대표의 호떡 맛을 보고 "뭐 이런 걸로 장사를 한다카노" 하고 처음에 야단을 쳤다고 한다. 석원씨는 장인의 호떡을 먹는 순간 '반죽의 중요성'을 깨달았다고 한다. 그는 호떡 맛이 흔히 말하는 설탕과 속 재료에 의해 좌우된다고 생각했지만, 호떡 장인은 반죽의 중요성을 강조했다고 한다. 그날 이후 그는 빵맛이 나는 호떡 피를 만들기 위해서 크게 노력을 했고 1년이 지나서야 본인이 만족할 만한 수준의 레시피를 완성했다고 한다. 그의 사업 성공에는 세 명의 스승을 찾아간 행동과 자신의 피나는 노력이 결합된 결과물이었던 것이다.

자신만의 슬로건을 내걸고 원칙을 지킨 대박 보리밥집

청주 대산보리밥 이문규 대표

주소: 충북 청주시 서원구 2순환로 1461-1

대산보리밥은 청주를 대표하는 맛집이다. 2016년 식당 문을 처음 열었고 첫해 연매출 4억 원, 다음 해에 9억 원, 3년 차에 10억 원의 매출을 돌파했다. 작년 2021년 매출은 16억 원을 기록했다. 이 식당은 심지어 2022년 8월부터 주 5일 영업으로 전환했다. 식당의 내실을 다지면서 매년 꾸준히 성장해 온 대산보리밥은 대박 식당의 표준 모델이다.

청주에서 유명한 '엄마가 제일 행복한 대산 보리밥'

창업자인 이문규 대표는 처음 식당을 열 때 '청주에서 엄마가 제일 행복한 식당'으로 본인 식당을 정의했다. 식당을 운영하면서 힘든 순간이 오면 이 문장으로 다시 돌아간다고 한다. 장기적으로 살아남는 식당이나 조직은 창업자의 명확한 철학이 있다. '일단 돈이나 먼저 벌고 보자' 라고 단기적으로 접근하는 곳은 대부분 오래 가지를 못한다. 어느 조직이나 사업체가 일정 단계 수준을 넘어서기 위해서는 창업자의 철학이 끼치는 영향이 제법 크다. 사업에서 철학이 먼저고 시스템은 그 다음이다. 철학이 조직이 나아가야 할 목적지와 방향을 가르쳐 주는 이정표라면 시스템은 실제로 목적지를 향해 뚜벅뚜벅 걸어가는 데 도움이 되는 실용적인 안내서에 해당한다.

대산 보리밥에서는 '고등어 이벤트'를 상시 운영한다. 임산부, 현역 군인, 당일에 생일을 맞은 손님에게 무료로 고등어구이를 제공한다. 대부분 식당에서 이런 이벤트는 기간을 정해서 잠깐 운영하고 없애는 경우가 많다. 이 대표는 본인의 저서인 '대박식당 사장들의 돈이 되는 전략'에서 고등어 이벤트가 대산 보리밥의 철학에서 나온 구체적인 행동이라고 설명한다. 그는 현재 식당을 운영하거나 창업을 준비하는 분들에게 '우리 식당의 존재 이유가 무엇이고, 앞으로 어떤 식당으로 고객들의 기억에 남길 바라는지' 먼저 마음속으로 질문할 것을 권한다.

'끊임없는 공부'와 '데이터 경영'

이 대표는 식당이야 말로 '끊임없는 공부'가 정말 필요한 업종이라고 설명한다. 전쟁에 나서는 군인이 시간에 쫓겨서 제대로 된 무기도 갖추지 못하고 무모하게 뛰어들면 전투에서 질 수밖에 없듯이 계속 공부하지 않으면 단기간에 실패하게 된다는 것이다. 그 역시도 대산 보리밥 음식점을 창업하기 전에 음식점 폐업을 4번이나 한 경험이 있다고 한다. 식당을 하나씩 폐업할 때마다 그는 뼈저리게 배운 점들이 있었고, 그 모든 교훈이 모여 지금의 대산 보리밥이 성공할 수 있는 밑거름이 되었다고 고백한다. 그는 식당 경영이 단거리 경주와 같은 짧은 공부가 아니라 꾸준히 오래 달려야 하는 마라톤과 비슷해서 장기적인 훈련과 학습이 필요하다고 강조한다.

원칙을 지키고 끊임없이 공부하기
우리 식당의 존재 이유를 항상 생각하기
임산부, 군인, 생일손님에게 '고등어이벤트'

식당의 규모가 일정 정도 커지게 되면 데이터 분석과 시스템적인 운영이 좀 더 중요해진다. 대부분의 경험 없는 창업자들은 누구나 그렇듯 처음에는 주먹구구식으로 식당을 운영한다. 하지만 일정 정도 시간이 지나면 분명히 한계에 부딪힌다. 식당일이라는 것이 일상적이면서 규칙적으로 반복해서 돌아가는 일도 많고 체력적으로 힘들기 때문에 음식 만들어 팔기 바쁘지, 매일 들어오는 매출과 비용 데이터 등을 정기적으로 관리, 분석하는 일이 그리 쉬운 일은 아니다.

그래도 시간을 내서 내 식당의 데이터를 정기적으로 분석하게 되면 우리 식당의 문제점이 무엇이고 앞으로 어떻게 개선해 나가야 할지 알게 된다. 바쁜 환경에 휩쓸려서 음식을 내고 손님 서비스 하는 데만 바쁘다 보면 큰 변화의 흐름을 잡아내기가 어렵다.

데이터 경영이란 주인의 감이나 경험이 아니라 수치로 가게를 운영할 수 있게 한다. 뭘 준비해야 하고, 어떤 비용을 절감할 수 있으며, 어떤 유형의 손님을 추가로 받아들일 수 있을지 계획을 세울 수 있게 한다. 어느 곳이든 인력과 돈은 한정되어 있다. 제한된 자원을 통해서 효율을 극대화하는 것이 모든 사업의 목표가 아니던가? 이런 질문의 해답은 단순히 사장 개인의 감이나 경험만으로 정확히 찾기는 어렵다. 꼼꼼하게 다 기록해놓으면 그게 진짜 자산이 된다. 실수를 반복하지 않게 하고 낭비를 줄일 뿐만아니라 그 데이터 속에서 앞날의 설계를 할 수 있다. 이 대표는 꾸준한 데이터 관리 및 분석이 식당 성공의 중요 요소라고 강조한다.

매일 새벽 연탄불에 구운 패티로
건물주가 되게 해 준 햄버거

송쓰버거(송두학버거) 송두학 대표

주소: 경기도 평택시 중앙시장로25번길 12-1

평택국제중앙시장에 위치한 송쓰버거는 다양한 방송 매체와 유명 블로거들을 통해 소개된 한국식 수제버거로 송탄 평택 지역을 대표하는 맛집이다. 송두학 대표는 10여 평의 햄버거 가게와 비슷한 크기의 카페 매장을 맞은편에 두고 아내와 같이 매장을 운영하고 있다. 별도 패티를 굽는 조리 공간이 10평 정도 된다. 연 매출이 약 4억 원대에 이르는 것으로 추산된다. 그는 사업자금 500만 원으로 시작해 장사한지 12년 만에 상가 여덟 채를 가진 자산가가 되었다.

연탄 불고기패티로 차별화

미군 부대가 있는 평택 지역에서는 전통적으로 햄버거 메뉴가 인기 있었다. 처음 가게를 시작한 송대표는 햄버거 완제품을 외부에서 떼다가 팔았다. 하지만 차별화되지 않은 제품 때문에 하루에 한두 개씩밖에 팔지 못했다. 송대표는 남들과 차별화된 레시피 개발이 꼭 필요하다고 생각했다. 이후 두학씨는 2년간의 연구와 노력, 시행착오를 거쳐 연탄불에 구워 낸 특색 있는 불고기 패티를 만들어 냈다.

그는 주3회는 새벽 5시에 가게에 출근해서 햄버거 패티를 굽는다. 짧게는 8시간에서 길면 10시간 이상을 연탄불 앞에서 사투를 벌인다. 겨울에는 그래도 좀 낫지만 여름철에는 보통 힘든 일이 아니다. 패티는 양념 불고기를 사흘 동안 냉장고에서 숙성해 두었다가 사용한다. 보통 1회에 굽는 양은 약 120kg 수준이다. 큰 통으로 열 통 정도 분량이다. 굳이 새벽에 나와 패티를 굽는 이유는 영업시간 중에는 햄버거를 만들고 파는 것도 너무 바쁠 뿐 아니라 주변에 옷 가게들이 많아 고기 굽는 연기로 영업에 피해를 줄까 봐 주변 매장들이 문을 열기 전에 굽는다.

새벽부터 구운 패티는 송대표의 아버지가 손으로 비벼 잘게 부순다. 굳이 기계를 쓰지 않는 이유는 식감 때문이다. 패티를 씹는 식감이 기계보다는 손으로 작업하는 게 좋아서 좀 힘들고 손이 많이 가도 옛날 방식을 고수하고 있다한다. 초벌구이한 패티는 고객 주문이 들어오면 후라이팬에 올려 달걀과 함께 다시 굽는다. 치즈를 올려서 패티 모양을 잡는다. 팬에 살짝 구운 빵과 매콤한 특제소스 그리고 양상추, 거기에 불고기 패티를 올리면 연간 5만 개 이상 판매되는 송쓰버거가 완성된다.

꾸준한 노력과 매장 확장을 생각할 때 위험 관리

"저 엄청 열심히 살았습니다. 노력하면 안 되는 일이 없습니다. 긍정적 자세가 중요합니다. 자기 스스로를 사랑하고 믿어야 남들에게도 사랑받고 믿음을 줄 수 있는 것 같아요. 요즘 다 힘들다고 하지만, 나 스스로 믿고 나가다 보면 어느 순간 세상이 열리는 시점이 온다고 생각합니다." 송대표는 열일곱 살에 아빠가 되었다. 그와 동갑이었던 아내와 이른 사랑으로 예기치 못한 일이 생겼고 그녀를 끝까지 책임지기로 결심하고 결혼했다. 송대표는 고등학교를 마치고 생활 전선에 바로 뛰어들었다.

그는 서울 청계천시장 볼트 판매원으로 일을 시작했다. 아내 은미씨는 평택에서 옷 가게 점원과 식당 일 등을 하면서 부부가 돈을 모았다. 그 와중에도 두학씨는 기술을 배워야 한다고 생각해 자격증을 30여 개나 땄다고 한다. 요양보호사, 굴착기 운전기능사, 지게차운전기능사 등 다양했다. 그는 자격증만 따면 돈을 좀 쉽게 벌 수 있을 것이라고 생각했지만 큰 착각이었다고 말한다. 이력서에 써넣을 것은 많아졌지만 현실은 녹록지 않았다고 한다. 결국 그는 자격증 수집하는 것을 포기했다고 한다.

매일 새벽 연탄불에 굽는 고기 패티

새 사업 전에 원래 일을 지속한 리스크관리

기계를 쓰지 않는 수제품으로 승부

부부는 점퍼와 바지를 받아서 노점에서 팔기도 하고, 두학씨는 혼자 나이트클럽 등을 찾아다니면서 보따리 장사도 했다. 그렇게 어렵사리 모은 돈을 보증금으로 이용해 옷가게를 시작했다. 다행히 옷가게가 장사 초기에는 잘되었다고 한다. 하지만 장사를 할수록 옷 가게가 점차 사양길이라는 예감이 왔고 수제 버거 사업을 생각했다. 하지만 그는 당장 수입이 발생하는 옷가게를 정리하지 않았다. 처음에는 옷 가게 옆에 카페를 열어 같이 운영했다. 그 뒤에 햄버거 가게를 시작했다. 햄버거 가게가 자리를 잡은 후에 수익성이 떨어지는 옷 가게를 정리했다. 사업 확장 과정에서 맞닥뜨릴 수 있는 위험을 미리 순서에 맞춰서 관리했던 것이다. 그는 장사가 잘되고 가게를 확장해야 할 때 한 매장에 '올인'하는 것은 피해야 한다고 말한다.

5년 만에 7개 지점으로 뻗어 간 직화구이 쪽갈비

쪽갈비 대통령 전영현 대표

주소: 서울특별시 중랑구 동일로163길 46

7호선 먹골역 7번 출구를 나와 중랑천 방향 골목으로 걷다 보면 저녁 시간 항상 가게 앞에 대기 인원으로 붐비는 식당이 있다. 이제는 먹골, 태릉, 중화 인근 지역 손님뿐 아니라 다른 지역에서도 찾아오는 맛집이 된 '쪽갈비 대통령'이다. 5년 전 전영현 대표가 이곳에 처음 창업한 이후 현재는 노원점, 방학점, 자양점, 아차산점, 양주점 등 총 7개 지점으로 뻗어 나갔다.

쪽갈비의 뜯어먹는 매력과 좋은 상권 찾기

전 대표는 쪽갈비 가게 창업 전에 강동구에서 야채곱창 가게를 3년가량 했다. 장사가 안되는 건 아니었지만 사람마다 호불호가 갈리는 아이템이었기 때문에 업종 변경을 해야겠다고 마음먹었다. 전 대표는 고깃집을 생각했고, 삼겹살집이나 갈빗집은 너무 흔해서 차별화하기 어렵다고 생각했다. 그런 가운데 쪽갈비를 먹어 보니 꽤 괜찮은 아이템이라 생각되었다. 우선 뼈 하나마다 온전하게 붙어 있는 고기의 식감이 좋았고 맛있었다. 손님들이 장갑을 끼고 뜯어 먹는 것에 재미를 느낄 수 있다고 생각했다.

그는 집이 노원이라 처음에 주변 7호선 라인 인근 지역부터 가게를 열 수 있는 장소를 물색했다. 수락산역 인근 가게와 노원역 주변을 샅샅이 찾아다녔지만 그가 처음 갖고 있던 6천만 원 예산으로 가게를 제대로 열 수 있는 곳은 찾을 수가 없었다. 그러던 가운데 중랑구로 넘어와서 계속 가게 할 자리를 찾던 중 먹골역 인근 상권에 매력을 느꼈다.

우선 임대료가 매우 저렴한 편이었다. 봉화산 근처 신안, 금호 아파트와 중랑천 주변 아이파크 아파트를 보고 구매력이 뒷받침될 수 있다는 생각이 들었다. 제품만 잘 만들면 충분히 승산이 있겠다고 판단했다.

직화구이 방식과 서비스의 기본, 친절

쪽갈비는 손이 많이 가는 일이다. 원물을 받아서 해동하고, 손질하고, 직접 불에 초벌구이해서 메뉴로 나가는 사전 준비 작업에 시간과 에너지가 꽤 많이 든다. 다른 쪽갈비 가게들이 많이 생겼는데, 주로 오븐에 굽거나 스팀으로 쪄서 메뉴를 제공하는 방식을 쓴다. 전 대표는 작업하기는 힘들어도 맛의 품질을 위해 직화구이 방식을 고수한다. 코로나 시기에 잠시 배달 판매도 해 봤는데, 메뉴 품질이 확실히 떨어질 수밖에 없었다. 그럴 바에는 배달 판매는 하지 말자고 생각해 중단했다. 배달은 수수료도 클 뿐 아니라, 보통 홀도 바쁜 시간에 주문이 많이 들어온다. 양쪽에서 무너질 수 있다는 생각이 들었다. 그는 배달 판매는 자기 가게 상황에 맞게 잘 판단해야 할 것 같다고 조언한다.

아무리 손이 많이 가도 직화구이 방식 고집
직원은 친절교육부터
무리한 매장 확장은 경계

부록

"성공 비결이요? 글쎄요. 저는 장사의 시작은 친절이라고 생각합니다. 누구나 알고 있지만 잘 못하는 게 바로 친절입니다. 너무 당연하지만 다른 식당들을 다녀 봐도 기본적인 친절함이 안 되어 있는 곳이 사실 너무 많아요. 저는 직원이 처음 저희 가게에 와서 일하게 되면 이 부분부터 강조하고 교육합니다."

강 대표는 최고의 마케팅은 손님의 만족이라고 말한다. 바쁠 때 어디선가 직원이 먼저 제공해 주는 작은 서비스가 고객 만족도를 높일 수 있다.

전 대표는 kg당 6천 원대 하던 원물 가격이 이제는 1만 2천 원으로 올라서 처음 장사를 시작할 때 마진은 꽤 좋았는데 지금은 많이 줄었다고 한다. 그래서 가격도 고심 끝에 일부 올렸다. 그는 앞으로 여러 가지 계획도 있고 욕심도 있지만 지금은 단기간 내에 움직일 때가 아닌 것 같다고 말한다. 쪽갈비 매장이 너무 확산되는 것도 경계한다. 너무 많아지면 희소성이 사라져 브랜드 가치가 소진될 것을 우려한다. 그는 식당 창업자들에게 반짝 잘되다가 금방 사라지는 가게보다는 꾸준한 시간이나 노력으로 길게 가는 브랜드를 만든다는 목표부터 세웠으면 좋겠다고 말한다.

외식업은 힘들지만 정직한 비즈니스입니다.
꿈을 이루시길 간절히 염원합니다.

저는 처음에 외식업이 부끄러웠습니다. 제 첫 직장생활의 시작은 이 랜드 외식사업부였습니다. 그룹 공채로 입사했지만, 현장을 잘 알아야 한다는 회사 방침에 따라 무조건 2년 이상 레스토랑 근무를 해야 했 습니다. 제가 근무하던 식당에 S그룹 등에 입사한 고등학교 동창들이 단체로 방문했을 때, 묘한 부끄러움을 느꼈습니다. 부모님께서도 식당 에 방문해서 식사를 하고 가셨는데, 어렵게 대학 공부까지 시켜 주셨 는데 괜히 죄송스러운 마음이 들었습니다.

하지만 외식 업계에서 오래 근무를 하면서 그런 생각은 변해 갔습니 다. 많은 청년들이 대학교 졸업장이 있다는 알량한 엘리트의식 때문에 밥벌이하는 일을 전혀 배우려 들지 않고 편한 일만 하기 위해서 서른 이 넘어서도 학원가나 대학원 등을 서성이는 경우를 많이 봅니다. 무 수한 대학생들이 요리를 하거나, 정리 정돈을 하거나, 실제로 몸을 움 직여서 돈을 벌어 보는 경험 없이 대학을 졸업합니다. 그러다가 준비

없이 덜컥 식당을, 카페를, 베이커리를 창업합니다. 그런 분들이 제대로 준비하고 공부하게 하는 데 이 책의 의미가 있습니다.

외식업은 힘들지만 정직한 비즈니스입니다. 남들 쉬는 날에도 일해야 하고, 남들 밥 먹는 시간에 일해야 하는 업종입니다. 육체적으로, 정신적으로 쉽지가 않습니다. IT회사처럼 큰 한 방이 터지는 일도 없습니다. 하지만 젊은 열정으로 게으름 피지 않고 성실하고 정직하게 일하면 일한 만큼 얻어갈 수 있는 사업입니다. 우리나라 자영업의 현실은 고되고, 특히나 외식 자영업은 반복되는 고된 업무를 하다 보면 "내가 지금 뭐하고 있지"라는 슬럼프가 반드시 옵니다.

이런 때 꿈이 없다면 버티고 이겨 낼 수가 없습니다. 또 새로운 사업을 한다고 하면 주변의 반대가 항상 있습니다. "너는 경험이나 능력이 없어서 안 된다.", "너는 외식업 경험이 하나도 없는데 분명 망한다. 주제를 알아라." 심지어 이런 사람들 대부분은 외식업을 해 보지도 않은 사람입니다. 앞에서 말했듯이 정말 단단히 준비하지 않으면 이런 말들대로 망하게 됩니다. 하지만 세상에 성공한 사람들 중에 자기에 대해 부정적인 말을 들어 보지 않은 사람은 한 명도 없습니다. 남들이 불가능하다고 말했던 일을 성공시킬 때 짜릿함은 대단합니다. 주위의 편견과 비웃음을 이겨 내고 꿈을 이루시길 기원합니다.

대부분 사람들은 성공한 사람들이 이룬 성과에만 집중합니다. 외부에서 보이는 식당의 높은 매출을 모두 부러워합니다. 하지만 그 성공이 이뤄지기까지 얼마나 많은 땀과 노력이 있었는지는 간과합니다. 소중한 것을 얻기 위해서는 지불이 필요합니다. 큰 산을 옮기기 위해서 처음 할 일은 작은 돌 하나를 옮기는 일입니다. 이 책이 외식업을 준비하는 창업자분들이 처음 겪는 시행착오를 조금이나마 줄여 줄 수 있는 데 도움이 되길 바랍니다.

마지막으로 항상 묵묵히 힘든 집안일을 도맡아 가면서 지원해 주는 아내 김지혜에게 사랑한다는 말을 꼭 전하고 싶습니다. 아들 하준서에게도 지금까지 너무 건강하게 잘 성장해 줘서 고맙고, 앞으로 어떤 모습으로 살아가던 간에 그 존재 자체가 아빠와 엄마의 큰 자랑이라는 사실을 꼭 이야기하고 싶습니다. 준서를 키울 때 물심양면으로 도와주신 최경옥 장모님과 김춘식 장인어른께도 진심으로 감사의 마음을 표합니다. 동네 친구로 항상 외식 책 언제 나오는지 묻고 집필을 응원해 준 황하린 아빠 황성대 님에게도 특별한 감사 인사를 전합니다. 마지막으로 공들여 키워 주신 아버지 하영진 님과 어머니 황봉선 님에게도 진심으로 감사하고 사랑한다는 말을 꼭 남기고 싶습니다. 그리고 소중한 독자님들이 꼭 외식업에서 성공을 거두시기를 간절히 바랍니다.

경제전문가와 외식업 전문가들이 한마음으로 추천하는 외식 자영업 사장님들의 필독서

경험이 부족한 사람에게 리스크는 더욱 크게 다가온다. 리스크를 최소화하는 방법은 사전분석을 통해 전문성을 강화하는 것이며, 업계 전문가와의 인연은 중요한 촉매제가 된다. 하경환 저자는 이 책을 통해 자영업을 준비하는 분들께 훌륭한 멘토이자 등대가 되어 준다. 창업에 대한 열정을 갖춘 분들께 저자와의 인연은 생생한 배움으로 가득한 설레는 경험을 선사할 것이다.

크레딧애널리스트 배문성 '부동산을 공부할 결심' 저자

많은 사람들이 외식업을 통해 사장님이 되기를 꿈꿉니다. 하지만 그 꿈이 현실로 다가올 때 얼마나 힘들지 알지 못하고, 무엇을 어떻게 해야 할지 알지 못합니다. 이 책은 자영업을 통해 자신의 부를 꿈꾸는 사람들을 위한 사용설명서와 같습니다. 외식 자영업의 A to Z에 대한 각종 전략, 노하우, 주의할 점을 친절하게 설명합니다. 이 책을 통해 더

많은 사람이 성공한 자영업자가 되고, 부를 얻을 수 있기를 바랍니다.

전 이랜드이츠 김완식 대표이사

이 작은 책 하나에 처음 자영업을 시작하는 사람들에게도 성공의 기회를 열어 주고 싶어 하는 작가님의 마음이 녹아 있습니다. 정보가 너무 많아서 무엇을 기준 삼을지 모를 때, 집중해야 할 꼭 필요한 운영의 기술들이 담겨 있습니다. 이 책을 기준 삼아 자영업을 시작해 본다면 처음 도전하는 누군가에게도 성공의 기회가 꼭 있을 것이라 확신합니다.

혜화동 버거 백성수 대표

맛있는 음식을 만드는 것을 모든 외식인들의 목표입니다. 작가님과 함께 중국 대륙을 누비며 시장조사도 하고, 마늘 산지도 다니면서 어떻게 하면 맛있는 메뉴 개발을 할 수 있을까 고민하던 기억이 생생합니다. 이 책이 코로나 팬더믹 이후 변화된 외식 시장에서 새롭게 외식의 길을 시작하는 분들에게 든든한 나침반이 되어 줄 것이라고 생각합니다.

CJ푸드빌 R&D실 강태홍 과장

좋은 프랜차이즈란 기본적으로 기업이 업의 본질에 충실하고, 장기적으로 가맹 점주와 함께 성장해 갈 수 있는 비즈니스 모델이라고 생각합니다. 이 책의 내용대로 좋은 프랜차이즈 기업을 고르기 위해서는 정보공개서를 꼼꼼히 확인해야 하고, 실제 운영 중인 가맹점을 직접 방문하고 경험해 봐야 합니다. 외식 실무 경험이 풍부한 필자가 말한 좋은 프랜차이즈 기업을 고르는 방법은 예비 외식 창업자에게 큰 도움이 될 것이라고 믿습니다.

서울특별시청 공정경제과 신동명 주무관

'수학의 정석'처럼 이 책은 '외식업의 정석'입니다. 새롭게 식당 창업을 준비하는 분이라면 알아 두어야 할 핵심 내용을 담고 있습니다. 특히 외식인이 가져야 할 마음과 태도에 관한 글은 새겨 볼 내용이 많습니다. 외식업은 몸으로 배우는 일이기도 하지만, 맨땅에 무턱대고 헤딩하면 시행착오가 많을 수밖에 없습니다. 이 책을 통해 공부하고 창업하는 외식인이 많아졌으면 좋겠습니다.

창달이 창업 연구소장, 바다쿡 강재두 대표

책을 읽으면서 "나무 베는 데 한 시간이 주어진다면, 도끼날을 가는 데 45분을 쓰겠다."는 미국의 16대 대통령 에이브러햄 링컨의 명언이 떠올랐습니다. 이 책은 자영업을 제대로 하고자 하시는 모든 분들의 도끼날을 날카롭게 해 주는 기본서라고 할 수 있습니다. 저자의 실제 외식업 경험과 분석력 그리고 현재 자영업으로 성공한 사례를 바탕으로 써 낸 귀한 책입니다. 배달앱 등 시장 전반적인 흐름에 대한 내용도 중요하지만, 일반적으로 내 매장을 하다 보면 놓치기 쉬운 고객 중심적인 마인드까지 한 땀 한 땀 챙긴 저자의 꼼꼼함은 자알못자영업을 잘 알지 못하는 사장님께 단비 같은 존재가 될 것입니다.

주식회사 고피자 COO 박현상 이사

제가 일본에서 배운 초밥은 '장인 정신' 그 자체였습니다. 이제는 어떤 외식 아이템이든지 깊게 파지 않으면 성공하기 힘들다고 생각합니다. 이 책 내용 가운데 외식업에서 성공하기 위한 장인정신을 강조한 부분이 좋았습니다. 이 책은 처음 외식업을 시작하는 분들이 놓치기 쉬운 부분을 잘 설명해 주고 있습니다. 특히 식당 입장과 외식 기업 사례가 조화롭게 잘 설명되어 있어 이 책을 만나는 예비 창업자들이 '외식업 성공'의 본질에 대해서 한걸음 다가갈 수 있는 기회가 될 것이라고 생각합니다.

전 스시로코리아 R&D실 김영민 실장

이 책은 외식업이라는 산업의 '업의 본질'에 대해서 잘 풀어서 설명해 주고 있는 책입니다. 특히 외식하는 사람이 가져야 할 태도, 마음, 생각에 대해서 설명한 부분이 좋았습니다. 추천합니다.

경희대 조리외식경영학과 대학원 서주영 박사과정

추천사